숨겨진 풍경

KAKUSARETA FUKEI
by FUKUOKA Kensei
Copylight ⓒ 2004 by FUKUOKA Kensei
All right reserved
Originally Published in Japan by NANPO SHINSHA, Kagoshima, Japan.

Korean edition ⓒ 2010 by Escargot Publishing Company

Korean translation rights arranged with FUKUOKA Kensei, Japan throught
THE SAKAI AGENCY and TONY INTERNATIONAL.

이 책의 한국어판 저작권은 토니 인터내셔널을 통해 THE SAKAI AGENCY 와의
계약으로 달팽이출판에 있습니다.
저작권법에 의해 한국 내에서 보호를 받는 저작물이므로 무단전제와 복제를 할 수 없습니다.

숨겨진 풍경

죽음을 은폐하는 사회에서 생명을 만나다

후쿠오카 켄세이 지음 | 김경인 옮김

책머리에

이 책은 2000년 9월부터 2001년 10월에 걸쳐 마이니치신문 (서부본사판)의 문화면에 실린 〈숨겨진 풍경〉이라는 연재기사와, 그 연재를 읽은 수의사 여러분의 초대로 실시한 2002년 10월의 강연내용으로 구성되어 있다. 숫자와 권리직명, 등장인물의 연령 등은 취재당시 그대로 사용하였다.

이런 무겁고 어두운 테마에 대해 왜 연재를 써볼 결심을 했는지, 그 대략적인 배경에 대해서는 이 책에 언급했으므로 반복하진 않겠지만, 또 한 가지 중요한 계기가 있다.

사실은 취재를 시작하기 반년 정도 전에, 나는 교통사고를 당해 죽을 고비를 넘기는 경험을 했다. 자전거 통근 중에 오토바이에 치여서 두개골이 함몰되고 뇌좌상을 입었는데, 머리를 크게 다쳐서 사고가 나기 30분전부터 사고 다음날 중환자실 침대에서 눈을 뜨기까지의 기억이, 마치 레코드 바늘이 튄 것처럼 완전히 날아가 버렸다. 그 시간동안 나는 과연 살아 있었던 것일까? 의식은 죽은 것이나 마찬가지였다. 그리고 그대로 의식이 돌아오지 않았다면, 그 시점에서 내 인생은 끝나버렸을 것이다.

그때까지 나도 다른 많은 사람들처럼 '죽음'은 나와는 전혀 거리가 먼 세계의 일이라고 생각했다. 그렇다기보다 거의 '죽음'에 대해 생각해본 적이 없었다고 하는 것이 더 솔직하다. 그런데 사고를 경험함으로써, '죽음'은 언제 어떻게 내게 올지 모르는 것이며 사실은 아주 가까이에 존재한다는 사실을 몸소 배웠다.

중환자실에 누워 있으면서 사고로 의식이 돌아오지 않는 소년의 이름을, 정해진 면회시간 내내 부르고 또 부르는 부모님의 목소리를 들었다. 말 그대로 '죽음'은 바로 내 옆에 있었다.

링거와 소변줄을 몸에 꽂고 병원침대에 누워 꼼짝도 못하던 날들을 보내면서, 의식은 자연히 '죽느냐 사느냐'로 싸웠다. 그러자 그때까지의 인생에서 경험한 온갖 보잘것없어 보이던 일들이 아주 귀중하고 둘도 없는 것처럼 생각되었다. '죽음'을 아주 가까이에서 경험함으로써, 그때까지 경험한 적이 없을 만큼 진하게 '살아 있다는 것'을 실감할 수 있었다.

현대를 사는 사람들, 그 중에서도 특히 지금의 아이들이나 젊은이들이 '생명'을 실감할 수 없게 된 것은, 사실 '죽음'이 우리들 주변에서 교묘하게 숨겨지고 멀어졌기 때문이 아닐까? 만일 그렇다면 그 숨겨진 '죽음'의 현장을 찾아가, 그곳에서 펼쳐지고 있는 풍경을 사실적으로 묘사하여 사람들 앞에 보여주는 것이 지금 절실히 필요한 것은 아닐까? 입원 중에 내 머릿속을 맴돌던 그런 의문에 등이라도 떠밀리듯, 직장에 복귀한 지 3개월 만에 이 취재에 돌입하게 되었다.

　기획의 성격상 호스피스 등 개방된 '죽음의 현장'은 취재의 대상에서 제외했다. 사람들 눈에 띄지 않도록 사회에서 격리된 '죽음의 현장'에 초점을 맞춤으로써, 지금 사회의 본질을 제대로 부각시킬 수 있지 않을까 하는 계산도 있었기 때문이다. 그런 만큼 취재가 난항을 겪게 되리라는 것은 처음부터 자명했다.

　처음 이 기획을 세웠을 때는, 병원의 중환자실이나 무뇌아 등 선천적으로 심한 장애를 가지고 태어난 아이들을 치료하는 신생아집중치료실 등도 취재하고자 했다. 여러 루트를 통해 취재에 응해줄 곳을 물색했지만, '죽음'에 초점을 맞춘다는 의도를 이해해주는 곳을 찾지 못하고 결국 그 계획은 좌절되고 말았다. 만일 그 취재까지 추가되었더라면 '생명'에 더욱 가까이 다가갈 수 있었을 텐데 생각하면, 나의 역부족이 원망스러울 따름이다.

　결과적으로 신문의 연재는 「애완동물의 행방」 「고기를 만들다」 「유서를 읽다」의 3부로 끝맺게 되었다. 이번 취재에 응해준 곳들 또한 '죽음'에 초점을 맞출 것이라는 나의 주문이 어떤 의미에선 너무 어처구니없다고 생각했을 것이다. 그런 무모한 취재의뢰에 당혹스러워하면서도 응해주신 여러분에

책머리에

게는 무어라 감사의 말씀을 드려야 할지 모르겠다. 그분들의 협력이 없었다면 이 책은 물론이고 신문연재 또한 빛을 보지 못했을 것이다.

테마가 테마인지라 취재 중은 말할 것도 없고 집필 중에도 무거운 짐을 지고 있는 듯했다. 그래서인지 취재에 응해주신 분들이 '이런 시점으로 우리를 취재한 것은 처음'이라며 기뻐해주셨을 때는 이루 말할 수 없이 행복했다.

연재를 하고 있을 때, 신문의 칼럼에 다음과 같은 글을 썼다.

고요한 연극 — 애달프고 아름답고

작년 여름, 딸들과 수영하러 계곡물에 갔다가 그곳에서 야마토새우 일곱 마리를 잡아 수조에서 키우기 시작했다. 그래봤자 가까운 강에서 채집해온 수초를 듬뿍 넣어서 석양이 잘 드는 창가에 놓아둔 게 고작이다. 산소는 수초의 광합성으로 충당하고, 먹이는 수조의 벽에 낀 이끼. 새우의 배설물은 수초나 이끼의 영양분이 되기 때문에 청소도 물갈이도 일절 하지 않는다. 하는 일이라면 물이 줄었을 때 우물물을 부어주는 정도. 그래도 새우들은 봄부터 여름에 걸쳐 수차례 알을 낳더니, 지금은 100마리가 넘는 대가족을 이루었다.

계곡물에서 잡아온 것은 길이 3센티 정도 되는 어미새우였는데, 지금 있는 것은 5미리~2센티 정도의 새끼새우들뿐이다. 어미들은 번식기가 끝나면 한 마리, 또 한 마리 죽어갔다. 기껏해야 3리터 정도밖에 안 되는 수조 안에서도 생명은 이렇게 순환되고 있었다.

이번 가을, 초등학교 2학년인 둘째 아이의 학급에서는 사마귀 사육이 유행했다. 우리 둘째도 15센티 이상은 돼 보이는 암컷 사마귀 한 마리를 흙을 넣은 채집통 안에서 키우고 있었다.

사마귀는 살아있는 벌레가 아니면 안 먹기 때문에, 둘째는 메뚜기며 귀뚜라미를 잡아다 채집통 안에 집어넣기 바빴다. 벌레를 넣어주면 사마귀는 기다렸다는 듯이 커다란 갈고리 모양의 앞다리로 잡아 산 채로 야금야금 먹는다. 잔혹하지만, 그것은 다른 생명을 양식으로 삼아 자신의 생명을 연명하고 있는 인간의 모습이기도 하다.

키우기 시작한 지 나흘째, 사마귀가 알을 낳았다. 그것을 발견한 둘째아이는 좋아라 날뛰었다. 하얀 거품 같은 알은 만지니 아직 부드러웠다. 그리고 알을 낳고 이틀째가 되는 날 아침, 어미사마귀의 시체가 흙 위에 널브러져 있었다. 임무를 다 마친 뒤의 편안함 같은 것이 엿보이는 모습으로.

어미사마귀와 교미 후 암컷에게 잡아먹혔을 수컷사마귀, 그리고 그 두 마리가 태어난 뒤 줄곧 먹어왔을 많은 벌레들의 생명은 다음 해 봄, 수백 마리의 새끼사마귀가 되어 세상으로 부활하게 된다.

애달프고 슬프고, 그리고 너무 아름다워서 살아갈 용기가 용솟음친다. 그런 무수히 많은 드라마가 자연이라는 무대 위에서 소리 없이 고요하게 연출되고 있다.

'죽음'을 외면하지 않고 정면으로 당당하게 직시할 때 비로소 '생명'의 빛남을 발견할 수 있다. 힘들었지만, 그만큼 기쁨이 충만했던 이번 취재를 통해 나는 그런 확신을 얻었다.

집필에 많은 도움을 주신 아즈마 야스유키, 나가모리 요시타카, 잘 팔릴 것 같지도 않은 테마인데도 책으로 만들자고 제안해주신 무코하라 요시타카, 책 만들기에 직접 참가해주신 토오야 사와시로, 그리고 취재에 많은 도움을 주신 여러분께 진심으로 감사의 말씀을 올립니다. 정말 감사합니다.

후쿠오카 켄세이

차례

책머리에 _ 5

제1부 애완동물의 행방

1. 귀여워라! _ 17

2. 불쌍해라! _ 25

3. 드림박스 _ 31

4. 서비스에 담은 마음 _ 38

5. 타인의 고통 _ 44

6. 고통을 끌어안다 _ 50

7. 고통을 감추는 사회 _ 57

8. '성스러움'이 '천함'으로 왜곡되다 _ 63

9. 생명의 순환 _ 68

제2부 고기를 만들다

1. 생명을 유지하기 위하여 _ 77

2. '아름다운 나라'의 한 귀퉁이에서 _ 85

3. '생명'이 음식으로 바뀔 때 _ 93

4. 위선적인 살생금지 _ 99

5. 중노동과 편견을 참아내며 _ 104

6. 도축장, 너무 힘들다 _ 110

7. 여성 수의사들의 도전 _ 116

8. 멀어져가는 생산자와 소비자 _ 121

9. 지역주민과 함께하는 축산 _ 128

10. 생명의 의미를 배우다 _ 134

11. 그 '빚남'은 반드시 _ 139

제3부 유서를 읽다

1. 자살 - 한없이 미안하다는 말과 함께 _ 149

2. 생명으로 빚을 갚다 _ 155

3. 고통이 의미하는 것 _ 159

4. 병자를 죽음으로 내모는 무력감 _ 164

5. 늙음을 외면하는 사회 _ 169

6. 궁지에 몰린 노장년층 _ 174

7. 어느 부랑자의 대학노트 _ 178

8. 부디 나의 고통을 알아다오 _ 184

9. 마음이 피를 흘리는 시대 _ 189

10. 금기를 극복한 작은 마을 _ 195

11. 그럼에도 불구하고 '살자!' _ 200

부록 | '죽음'을 '삶'으로 승화시키기 위하여 _ 207

옮긴이의 말 _ 236

제1부 애완동물의 행방

1
귀여워라!

마치 벽을 보고 이야기하고 있는 것 같았다.

취재의 목적을 아무리 설명해도, 일에 대해 이런저런 질문을 해도 돌아오는 것은 침묵. 혹은 "우릴 그냥 내버려둬요"라는 말.

어떤 사람은 내 반대쪽 벽을 향해 고개를 돌리고, 어떤 사람은 내가 들어섬과 동시에 스위치가 꺼져있어 아무것도 나오지 않는 텔레비전 화면을 뚫어져라 바라보고 있다.

주인이 키울 수 없게 되었다며 놓고 간 개와 고양이, 그리고 주민의 신고로 잡아들인 유기견을 처분하는 시설의 휴게실. 어떻게든 마음의 문을 열어보려고 내 딴에는 힘겹게 말을 건네고 있는 상대는, 하루하루 그 처분을 몸소 실천하고 있는 현직 종사자들이다.

내가 찾아간 그날도, 그들은 강아지 72마리와 새끼고양이 121마리를 포함해 총 298마리의 개와 고양이를 저 세상으로 보내고 온 직후였다. 그 300마리에 가까운 개와 고양이의 몸은 지금 2개의 소각로에서 활활 타오르고 있을 것이다.

"당신이 무슨 생각으로 기사를 쓰겠다는 건진 모르겠지만, 읽는 사람은 백이면 백 다 달리 받아들일 거요. 개고양이를 이렇게 죽이고 있슴다 ~ 라고 써봐요, 어떻게 그런 짓을 할 수 있냐고 세상사람 대부분은 아주 무시무시한 곳이라고 생각할 거요. 인간이란 본래 지멋대로니까."

"자는 애기 깨우지 말란 말이 있지. 모르는 게 약인데, 일부러 알려서 뭐 좋을 일 있겠소? 알렸다가 괜히 괄시만 더 당하지. 이런 짓을 왜 하느냐고 말이야."

그들의 완강한 거절에 당황하면서 나도 스스로에게 묻지 않을 수 없었다.

도대체 나는 왜 이런 취재를 시작했는가? 보여주길 꺼려하는 사람의 마음의 문을 우격다짐으로 열고 흙발로 쳐들어가는 짓이나 진배없는 이런 일을 왜 시작했는가?

진실을 말하자면, 확실한 이유는 나도 모른다. 다만 이유 없이 화가 났다. 쉬운 것, 예쁜 것, 기분 좋은 것만을 지나치다 싶게 좋아하는 지금의 우리 사회에.

소년의 흉악범죄가 발생할 때마다 '생명의 소중함'이라는 말이 여기저기서 봇물 터지듯 쏟아져 나온다. 듣기 좋은 그 말이 염불처럼 되뇌어질 때, 그 '생명'이 무수한 '죽음'에 의해 유지되고 있다는 사실에 초점이 맞춰지는 일은 전혀 없.

'죽음'은 쉬운 것, 예쁜 것, 기분 좋은 것을 추구하는 사람들의 가치관과 완전히 대립되고, 우리의 일상생활에 불안의 그림자를 드리운다. 그 때문에 사회는 '죽음'을 철저하게 보이지 않는 곳으로 격리시키고, 우리는 그것을 외면하면서 살아가고 있다.

살아있는 것은 반드시 죽는다.

예외는 없다.

그리고 누군가가 죽기 때문에 앞으로 태어날 새 생명이 살아갈 여지가 그 자리에 생겨난다. 아무도 죽지 않는다면 이 세상은 머잖아 살아있는 사람들로 넘쳐나고, 결국은 파괴되고 말 것이다. 동물이 자신의 '생명'을 유지하기 위해서는 다른 '생명'을 양식으로 삼지 않으면 안 된다는 자연계의 법칙도, 그러한 사태를 피하기 위한 교묘한 시스템이라 할 수 있다.

셀 수 없이 많은 '죽음'이 있으므로 우리의 '생명'이 있다. 그리고 사람이 자신의 '생명'을 실감하는 것은 다른 사람의 '죽음'과 직면했을 때다. 그 '죽음'과 생활 속에서 가까이 만날 수 없게 되었다는 것이 '생명'이 얼마나 소중한지 깨달을 계기를 사람들로부터 빼앗아버린 것은 아닐까?

우리의 '생명'을 지탱해주는 무수히 많은 숭고한 '죽음'을 외면한 채 외치는 '생명의 소중함'이라는 말에, "새빨간 거짓말!"이라고 악다구니라도 쓰고 싶은 충동에 등 떠밀리듯 나는 이번 기획을 세우고 취재에 나섰다. 우리가 의도적으로 모른 체하고 일상에서 배제하고 있는 '죽음'을 직시하지 않는 이상, '생명'의 의미도 '생명의 소중함'도 알 수 없다. 이 믿음 하나만을 의지 삼아.

제1부 애완동물의 행방

그들과 만나기 이틀 전, 나는 그곳의 지방도시에서 열린 '강아지 분양회'라는 행사장을 찾았다.

"우와, 귀엽다! 꼭 인형 같아!"

"저거 봐, 하품했어! 난 이 멍멍이가 좋아. 이 멍멍이로 할래, 꼭!"

긴 책상 위에 놓여진 우리 앞에는 분양을 희망하는 사람들이 이름을 적을 수 있도록 필기도구가 마련되어 있고, 분양회의 개최를 알고 모여든 사람들이 우리에 얼굴을 바짝 대고 그 안의 강아지들을 품평하면서 이름을 써넣고 있다.

아이들 등쌀에 못이겨 나왔는지, 아이들과 함께 온 가족들이 많다.

회장에는 개를 키우기 전에 유념해두어야 할 여덟 가지 사항이 적힌 안내판이 걸려있었다.

1. 병이 났을 때나 여행할 때, 어떻게 돌볼지 생각해보셨습니까?

1. 개의 수명은 15~18년입니다. 가족의 일원으로 마지막까지 기를 수 있습니까?

등등.

하지만 참가자들의 눈은 강아지들에게 쏠려 그 안내판에 관심을 보이는 사람은 거의 없었다.

분양신청의 기입이 끝나자 희망자가 경합한 강아지를 사

이에 두고 가위바위보를 했다. 가위바위보에 이겨서 희망했던 강아지를 데려갈 수 있게 된 가족의 탄성이 여기저기서 들린다.

그런 회장의 요란함은 아랑곳없이 분양회를 주최한 보건소의 한 직원이 냉랭한 어조로 말했다.

"지금은 강아지라 아주 귀엽죠, 그런 강아지를 보는 아이들의 웃는 얼굴도 더할 수 없이 이쁠 겁니다. 하지만 강아지는 금방 클 것이고 나이를 먹으면 또 늙죠. 털이 빠지고 피부가 짓물러도 마지막까지 잘 돌볼 수 있느냐 하면, 그런 사람은 사실 몇 안 됩니다."

분양회에 모인 사람들의 열광과는 하늘과 땅만큼 다른 보건소 직원의 싸늘함. 그것은 바로 그들이 거기 갇혀있는 강아지들 뒤에 무수히 많은 개와 고양이의 '죽음'이 있다는 것을 알고 있기 때문이다.

그날 그 분양회에 나온 11마리의 강아지도, 사실은 그 주인들이 안락사 처분을 의뢰하기 위해 보건소로 데려온 것들이다. 매일같이 들어오는 막대한 수의 유기견들 중에서 고르고 고른 극소수의 예외. 그것이 그날 선을 보인 강아지들이다.

생후 2, 3개월 된 수컷으로 생김새가 귀엽고 성견이 되어도 덩치가 별로 크지 않은 중·소형견. 운 좋게 이런 조건을 갖추고 있는 덕분에 '죽음'을 면하게 된 것이다. 그 엄숙한 사실

보건소 주최 강아지 분양회에서 강아지를 품평하는 사람들

을 알고 있기에, 직원들은 감히 맘 편히 웃을 수 없는 것이다.

여기는 다시 처분현장 휴게실.
내가 이 휴게실에 들어선 지 4시간이 지나려 하고 있었다. 단단히 잠겨있던 그들의 마음의 문이 이윽고 열리려 하고 있었다.
"지금까지 몇 번인가 방송국이랑 신문사에서 취재를 왔었지. 동물애호주간이 든 9월이 되면 어김없이 찾아오거든. 우리에 든 개를 클로즈업해서는 '죽을지 알고 있는 걸까요? 애원하는 듯한 눈으로 바라보고 있습니다. 이 개들은 곧 안락사하게 됩니다. 불쌍하게도' 라고 하지. 그야 우리도 물론 불쌍하게 생각해. 하지만 그럼 그 불쌍한 것들을 처분해야 하는 우리는 대체 뭐냐고?"
"한번은 아는 사람 집에 전화를 했는데 말이야, 전화를 바꿔주면서 그 부인이 뭐라는 줄 아쇼? '개 잡는 사람 전화에요' 라는 거야. 다 들리게 말이야, 허 참!"
이 시설에도 가끔 자칭 '동물애호단체' 라는 곳에서 항의와 비난의 편지가 온다. '불쌍한 개와 고양이의 생명을 구하자!' 라고.
"그렇게 생명을 구하고 싶으면 매일 여기로 오라고 해. 개고 고양이고 다 줄 테니까. 매일 몇 백 마리씩 줄 수 있으니까."
울분을 토하듯 이렇게 말한 사람은, 이틀 전 분양회에서 강아지를 분양받아 가는 사람들에게 개의 사육방법에 대해 말해주던 사람이다.

"모순도 모순도 이런 모순이 없다 싶어요. 그 사람들한테 개 키우는 방법 가르쳐주고, 돌아와서는 개들을 처분하고 있으니 말이야. 엊그제도 분양회에 가기 전에 백 마리 넘게 처분한 사람이오, 내가. 그런 인간이 동물을 사랑하라고 어떻게 말할 수 있겠냐고. 거기 갔다 오면 기분이 말이 아니라오. 분양회에서는 당신들이 버리면 이 개들은 안락사 당하고 만다고, 요즘 들어서야 겨우 말할 수 있게 됐어요. 하지만 내가 그것들을 죽인다고는 지금도 말 못해."

그는 이렇게 말하고는 무겁게 입을 닫고 말았다.

사회가 개고양이를 처분하는 이 일을 필요로 하고 있음에도 불구하고, '죽음'을 은폐하려고 안간힘을 쓰고 있는 사회는 이 사실을 직시하려 하지 않는다.

그 모순의 틈바구니에서 몸이 으스러지도록 일하는 사람이 거기 있었다.

사회가 철저하게 숨기려고 해왔던 '죽음', 그 '죽음'에 한 발짝 다가감으로써 눈앞에 펼쳐지는 풍경을 응시하고, 그런 다음 '생명'의 의미를 다시 한번 생각해보고자 한다.

'죽음'의 현장을 찾아가는 여행의 첫 행선지로, 개고양이를 포획하고 처분하는 업무를 담당하고 있는 시설 몇 곳을 방문했다.

숨겨진 풍경

2
불쌍해라!

1973년 10월에 시행된 「동물보호 및 관리에 관한 법률」(통칭 동관법)의 제7조에는 이렇게 규정되어 있다.

'도·도·부·현(都道府縣)과 법령으로 정한 시(市)는, 개와 고양이의 인수를 그 소유자가 요구했을 때 거부해선 안 된다.'

주인이 키울 수 없게 되거나 필요 없게 되었다며 데려온 개고양이를 보건소나 동물관리센터가 고스란히 인수하고 있는 것은 바로 이 법조문이 있기 때문이다.

그렇다면 왜 그런 조문을 만들었는가? 그것은 불필요해진 개고양이를 인수하지 않으면 결국 버려질 것이고, 그렇게 되면 거리는 들개나 들고양이로 들끓게 될 것이기 때문이다. 오로지 동관법이 있다는 이유만으로, 버려지는 개고양이는 끊이지 않는다. 자신이 키우던 애완동물이나 그 동물이 낳은 새끼들의 '죽음'을 직면하기가 두려운 주인이, '어쩌면 살 수 있을지 모른다'는 자위적인 생각으로 길거리에 버리는 것이다.

1950년 8월에 시행된 「광견병예방법」은 인증서나 예방주사를 맞았다는 딱지를 달지 않고 길거리를 어슬렁거리는 개는 '억류해야 한다'고 규정하고 있다. 그 때문에 거리를 배회

하는 주인 없는 개는 각 지방의 보건소나 동물보호센터에 소속된 광견병예방기술원에 의해 포획, 수용된다.

한편 고양이에 대해서는 법적 근거가 없기 때문에 행정은 손을 쓸 수 없다. 그 결과, 들고양이나 집 밖에 내놓고 키우는 고양이들이 마루 밑이나 처마 밑, 창고나 빈 집 등에서 속속 새끼를 낳는다. 그렇게 태어난 새끼고양이들이 불필요한 고양이로 분류되어 그들 시설에 억류되고 있는 것이 현실이다. 음식물쓰레기 같은 먹잇감이 넘쳐나고 있는 현재로선, 만일 그 새끼고양이들을 잡아들이지 않는다면 그대로 성장할 가능성이 높다. 결국 사람들은 고양이들이 여기저기 싸놓은 배설물냄새와 그 처리에 골머리를 썩을 것이고, 일 년에 4번씩 찾아오는 발정기 때면 밤이면 밤마다 짝을 찾아 울어대는 맹렬한 울음소리에 편안한 수면을 방해받게 될 것이다.

이렇게 사람들이 데려온 불필요해진 개고양이와, 법으로 정한 억류기간이 지나도 주인이 나타나지 않는 포획견의 대부분은 동관법 제10조 '동물을 죽여야 할 경우에는 가능한 한 그 동물에게 고통을 주지 않는 방법으로 죽여야 한다' 는 규정에 따라 안락사 처분된다. 98년에는 그 수가 전국적으로 64만 마리에 이르렀다. 개의 수는 감소하고 있지만, 고양이는 최근 10년 동안 거의 변함없이 30만 마리 전후로 추정되고 있다.

우리가 안전하고 쾌적한 삶을 영위하고 있는 것은 이런 일

동물관리센터에 집결된 개들. 들개는 거의 없고, 주인에게 버림받은 개들뿐이다.

에 종사하고 있는 사람들이 있기 때문이다.

그럼에도 불구하고 그 노동을 높이 사는 일은 드물다.

"떠돌이개 때문에 죽겠다는 신고를 받고, 당장 그 집으로 달려가잖아요? 그럼 어디어디에 가면 그 개가 있다는 설명만 하고는 쾅! 하고 문을 닫아버려요. 혹시라도 집안으로 침범한 개를 잡으려고 하면, 집안에서는 잡지 말고 밖으로 쫓아낸 다음에 잡으라는 겁니다. 우리가 돌아가고 나면, 열에 아홉은 소금을 뿌릴 걸요, 아마! '고맙다. 이것으로 안심하고 산책할 수 있게 되었다'는 말을 들으면 얼마나 기쁘고 격려가 되는지 모릅니다. 그런데 그렇게 말해주는 사람은 진짜 열에 한 사람 있을까 말까. 그것이 현실입니다."

사가 현에서 유기견의 포획과 개고양이의 회수와 처분을 담당하고 있는 20대 기술원의 술회다.

사가 현의 다른 기술원은 포획작업 중에 직접 소금세례를 당한 적도 있었노라고 회상했다.

"진짜 그때는 소금 한 포대 사다주고 싶은 심정입니다. 부족하면 이거 쓰시오, 하고 말이죠. 하긴 그래봤자 무슨 소용이 있겠는가 싶어 그만뒀지만 말입니다."

20대의 기술원이 그의 말을 받았다.

"일일이 화를 내자면 한도 끝도 없으니까요. 그런 일들 연속입니다. 같은 공무원이라도 과가 다르면 '아이고 가엾어라! 저 사람들이 죽인다네!' 라고 수군거려요. 그런 말이 다

들립니다. 우리가 가만히 안아줘도 우는 개가 있습니다. 그럼 또 '불쌍해라!' 그래요. 그럼 당신이 키우실랍니까? 물어보면, 못한다고 손사래를 치면서 도망가죠. 그런 사람은 불쌍하다는 말 한 마디로, 자기는 아주 착한 사람이라고 자기만족을 하고 있는 거예요."

그가 이 일을 시작한 지 5년이 되는데, 벌써 몇 차례나 개에게 물린 적이 있다. 그처럼 목숨 걸고 하는 노동에 대한 대가가 세상의 얼음 같은 시선이라니!

토요일이나 일요일, 직원이 출근하기 전인 이른 아침이면 보건소나 동물관리센터 문 앞에 강아지나 새끼고양이가 든 상자가 놓여있을 때가 있다. 다 큰 개가 쇠줄에 묶여 철문에 묶여 있기도 하고, 수탉이 상자에 들어 있을 때도 있다. 처리가 곤란해진 주인들이 버리고 간 것이다. 자신이 처분을 의뢰하는 박정한 사람이라고 생각되는 것이 싫어서, 직원과 얼굴을 마주하는 것조차 피하고 싶은 것이다.

그런 사람들이 들이나 산에 개를 버리지 않도록 하기 위해 행정이 불필요해진 개를 넣을 수 있는 무인(無人) 회수함을 설치하자, '살아있는 동물을 물건취급하다니 이 무슨 처사인가?'라고 비난의 목소리가 들끓었다.

키울 수 없게 된 애완동물을 그 주인이 책임지고 처분할 때, 그에 따르게 마련인 마음의 고통조차 감내하지 못할 정도로 '죽음'을 배제하고 있는 사회풍조야말로 진짜 심각한 문제인데도 불구하고, 그것을 탓하는 목소리는 어디에도 없다.

    그리고 들개나 들고양이 신고전화는 오늘도 계속 울리고 있다.

    개고양이들의 '죽음'으로 인해 실현된 안전과 쾌적함을 누리면서, '불쌍해라'라는 말 한 마디 툭 뱉어냄으로써 그 '죽음'은 자신과는 무관하다고 자위하며 마음의 평안을 찾는다.

    그런 우리들의 자화상이 눈앞에 떠오른다.

3
드림박스

　JR카고시마 본선의 코가역에서 자동차로 15분, 후쿠오카 현 코가 시 코다케의 산자락에 후쿠오카 현 동물관리센터가 있다. 그때까지 각각의 보건소에서 실시하던 개고양이의 처분업무를 일원화하기 위해 1982년에 문을 연 이 센터는, 후쿠오카 현이 100퍼센트 출자한 재단에 의해 운영되고 있다.
　1만 평방미터가 넘는 대지에는 사무소와 상담실, 치료실과 수술실 등이 있는 관리동과 개 우리 등이 있는 다섯 개의 동물동이 있다. 이곳에는 후쿠오카와 키타큐슈를 제외한 현(縣) 내 전 지역의 보건소에서 주인이 처분을 의뢰한 개고양이와 포획된 뒤 주인이 나타나지 않은 채 3일 이상 경과한 개가 일주일에 두 번 들어 온다.
　처분은 아래와 같은 순서로 이루어진다.
　개고양이를 태운 트럭이 후진으로 동물동에 들어오고 입구의 셔터가 내려지면, 개 우리로 통하는 반입로의 문이 좌우로 열린다.
　짐칸에서 개들이 반입로로 내몰아지고, 퇴로를 차단하기 위해 입구의 문이 닫힌다. 그 문을 뒤로 하고 그날 수용할 개 우리로 개들을 몰아넣는다.

개가 일정 수에 달하면 개 우리의 입구 쪽 철책을 똑같이 안으로 밀어내어 반입로와 반대쪽에 있는 통로로 개를 몰아낸다. 그 통로도 철책이 자동으로 움직여 뒤에서 몰아가는 구조로 되어 있어, 그것에 쫓긴 개들은 '드림박스'라고 부르는 철제상자 안으로 들어간다.

상자의 입구가 닫히고, 컨트롤패널의 '살(殺)처분 자동' 버튼이 눌린다.

상자 안으로 탄산가스가 분출된다.

가스는 주입하는 데 3분, 그대로 유지하는 데 3분, 배출하는 데 3분이 걸리는데, 거의 대부분의 개는 주입 중에 지각신경마비를 일으켜 쓰러지고 5분도 채 안 되서 죽게 된다. 이것이 가장 고통을 주지 않는 방법이라고 하여, 전국의 유사시설 대부분이 이 방법으로 처분을 실시하고 있다.

한편 큼지막한 포대에 담겨 보건소에서 우송되어온 고양이나 강아지들은 트럭에서 직접 세로 1미터 가로 0.5미터 깊이 0.6미터 정도 되는 소형처분기로 옮겨지는데, 성견 이상으로 고농도의 탄산가스가 주입된다. 태어나 얼마 되지 않은 강아지나 새끼고양이는 호흡량이 적기 때문에, 죽을 때까지의 시간은 성견보다 길게 걸린다고 한다.

이렇게 처분된 개고양이는 2기의 소각로로 옮겨지고, 약 5시간의 소각시간이 끝나고 소각로의 문이 열릴 무렵에는 바싹 타버린 하얀 가루만 남게 된다.

통로의 맨 안쪽에 있는 드럼박스로 연결된 입구(위)와 구멍(아래)

센터로 개나 고양이를 보내오는 보건소가 1998년도에 포획한 유기견은 7,700마리 이상. 그 중 억류 중에 주인이 나타난 개는 500마리에 미치지 않는다. 포획된 개 중 들개는 셀 수 있을 정도이고, 대부분은 주인에게 버림받은 개들이다.

즉 그 한해에 7,000마리가 넘는 유기견이 발생했다는 결론이 된다. 또 주인이 필요 없다고 보건소나 센터로 데려온 개가 5,800마리 이상, 고양이도 8,600마리가 넘는다.

그해 센터가 인수한 개고양이는 결국 21,741마리에 달했다. 그 중 대학 등에 실험동물로 보내진 것과 센터나 보건소가 개최하는 강아지 분양회에서 새로이 주인을 찾은 동물들을 제외한 21,121마리가 센터에서 안락사 당했다.

여기에 후쿠오카 시와 키타큐슈 시의 것까지 더하면, 후쿠오카 현에서만 1년간 처분되는 개고양이는 3만 마리가 넘는다는 계산이 된다. 그들 개고양이가 그대로 거리에 방치되었다고 생각해보라. 상상만으로도 이 일이 얼마나 중요한 역할을 해내고 있는지 충분히 알 수 있을 것이다.

센터에서 일하는 열 명의 직원 중 네 명은 수의사 자격을 가지고 있다. 코가 가츠히코 소장(56세)도 그 중 한 사람이다. 수의사가 동물을 처분하는 시설에 종사하고 있다는 사실에 위화감을 느끼는 사람도 있을지 모르지만, 그 감각 자체가 '죽음'을 철저히 배제하고 있는 현대 특유의 감각이다.

불과 몇 년 전까지만 해도 수의사의 진료 대상은 소나 돼지 같은 가축이 대부분이었다. 그들이 자신의 일을 통해 공헌하는 것은 동물의 복리가 아니라 인간의 복리이고, 진료대상이 가축에서 애완동물로 바뀌어도 그것은 달라지지 않는다. 원래 개고양이의 처분과 수의사의 일은 결코 모순되는 것이 아니다.

사가 현 기타시게야스에서 자란 코가 소장은 어릴 때부터 동박새나 비둘기 등을 키우던 동물을 좋아하는 소년이었다. 그런 그의 성격을 파악한 아버지의 권유로 일본수의축산대학에 진학하게 되었고, 졸업 후 후쿠오카 현으로 입성. 치쿠시보건소를 시작으로 현내의 보건소와 현청근무 등을 거쳐 99년 4월에 센터로 부임했다. 보건소 시절에는 도축검사원이나 광견병예방원으로서 무수히 많은 가축과 개의 죽음을 보아왔다.

"지금처럼 탄산가스로 안락사 시키기 전에는 강심제인 초산스트리크닌액을 치사량만큼 주사했습니다. 개중에는 심장이 경련을 일으켜 고통스러워하는 놈들도 있었죠. 그렇게 몇천 마리나 죽였는지 모릅니다. 힘든 일 아니냐고요? 아니, 힘들다고 생각하지 않기로 했습니다. 누군가가 하지 않으면 안 되는 일이니까요."

담담하게 말하는 코가 소장이 무엇보다 이상하게 생각하는 것은 학교의 대응이다.

"유기견이 등교하는 학생들을 따라 학교까지 오는 일이

조작실의 컨트롤패널(위)안락사한 개들을 소각 중인 소각로(아래)

종종 있어요. 위험하니까 잡아가달라고 전화가 오면, 다른 일 다 제쳐두고 달려갑니다. 그럼 선생님들 하는 첫 마디가 아이들 앞에서는 잡지 말아달라는 거예요. 현실을 아이들에게 거짓 없이 가르치고, 그런 연후에 생명의 의미를 바르게 이해시키는 것이 선생님들 할 일 아닌가요?"

현실에 눈을 가리고 표면만 그럴듯하게 치장해서 가르치는 '생명의 소중함'이라는 말.

그런 말이 아이들 마음에 감동으로 다가갈 리 없다. 감동은커녕 그런 태도에서 아이들은 겉과 속이 다른 현사회의 이중성을 배우게 될 것이다.

그것이 이런 업무에 종사하는 사람들에 대한 편견을 낳고, 또 생명을 경시하는 풍조를 낳는다는 사실을 깨닫고 있는 사람은 드물다.

4
서비스에 담은 마음

후쿠오카 현 동물관리센터에 4명 있는 수의사 중 한 사람, 하나타 미츠오 상무이사(62세)도 광견병예방업무와 식육검사 업무를 통해 개고양이나 가축의 '죽음'을 오랜 세월 가까이에서 지켜본 사람이다. 그런 하나타 상무에게는 "물론 법률에는 위반되는 일이었지만, 지금도 옳은 일을 했다고 자부하고 있습니다"라고 자신 있게 말할 수 있는 에피소드가 있다.

탄광이 연이어 문을 닫던 1970년대 초기 무렵의 치쿠호 지구에서 그가 광견병예방원으로 일하던 때의 일이다.

버력더미에 파놓은 땅굴에서 들개들이 번식하여 무리를 이루고 살면서 마을을 배회하고 있었다. 사람이 잡으려고 해도 장애물이 없는 버력더미로 도망쳐버리면 도무지 손을 쓸 수가 없었다. 포획기로 잡는 데도 한계가 있는데다, 개들이 일단 함정이라는 것을 알아버리면 만사가 허사다. 하지만 그대로 방치한다면 먹이 부족으로 인사사고가 발생하는 것은 시간문제였다. 실제로 얼마 후 같은 후쿠오카 현내에서 들개의 습격으로 사람이 죽는 사건이 발생했다.

막다른 골목에 몰린 하나타 상무는 당시 법률로 금지되어 있던 약물과 엽총을 이용한 살처분을 결행했다. 많을 때는 하루에 80마리가 죽을 때도 있었다고 한다.

"상사는 자기는 모르는 일이라고 합디다. 내가 독단으로 한 일로 하겠다고 큰소리는 쳤지만, 해고되거나 잠깐(형무소에) 들어갔다 와야 하지 않을까 겁도 났었죠."

그런 사실이 어느 지방지에 실리게 되면서 '총으로 사살'이라고 세상이 떠들썩했다.

"그때 마침 아내하고 약혼 중이었어요. 근데 얼굴 사진이 3면에 큼지막하게 실리는 바람에, 그녀한테 '이게 대체 뭐예요?'라고 호되게 추궁을 당했더랬습니다."

지금이야 웃으면서 이야기하지만, 직장과 명예가 걸려있던 당시에 그는 보도에 대한 반론권을 주장하면서 한발짝도 물러서지 않았다.

그의 주장을 NHK와 중앙지 두 곳에서 우호적으로 다루어 주었다.

"며칠씩 경찰조사도 받았지만, 달리 주민의 목숨을 지킬 방법이 없었다는 점을 감안해주었습니다. 현에서도 문서상으로 주의는 주었지만, 신변상의 처벌은 일절 없었어요. 법의 집행자여야 할 공무원으로서는 실격이겠지만, 여론의 지지가 있었기 때문이라고 생각합니다."

이처럼 자신을 돌보지 않는 노력의 결과, 지역의 안전과 환경은 유지될 수 있었다.

사가 현의 위탁으로 개고양이의 인수와 포획, 그리고 처분을 실시하는 회사를 경영하는 2대 사장 A씨(58세)는 이 일을 '서비스업'으로 분류한다.

사가 시에서 차로 30분, 삼목나무 숲으로 둘러싸인 산중턱에, 이 회사가 현으로부터 운영을 위임받고 있는 사가 현 동물관리센터가 있다. 사무실에 들어서자, 칠판에 적혀있는 '주민의 생활안전과 환경조성을 위해 봉사할 것을 맹세합니다!'라는 선서문이 눈에 들어왔다. 그가 말하는 서비스업이란 바로 그런 의미다.

센터 주위에는 수많은 만병초가 심어져 있고 구내에도 갖가지 꽃나무들을 재배하고 있다. 직원이 하루 세 번 청소를 한다는 개 우리는 청결하게 관리되고 있었고, 일반 개 우리와는 다르게 공기조절이 잘 되어 있는 관찰실에는 어미개와 새끼들이 각각 한 쌍씩 들어 있어 새끼들이 한가로이 어미개의 젖을 빨고 있었다. 이들 가족도 며칠 후에는 '죽음'이라는 운명과 마주쳐야 하지만, 그때까지 조금이라도 쾌적하게 어미와 새끼가 시간을 보낼 수 있도록 해주자는 배려인 것이다.

"나는 이곳에 오는 개고양이들을 처분하고 있다고는 생각하지 않습니다. 생자필멸이라고 했습니다. 인간사회 속에서밖에 살 수 없는 애완동물이 인간사회에서 쫓겨났다는 것은 곧 수명이 다했다는 것. 그 수명을 마지막으로 좋은 환경에서 마감할 수 있게 해주자. 그렇게 직원들에게 말합니다. 그래서

남겨진 시간을 함께 보낼 수 있도록, 같은 우리에 가둬놓은 어미 개와 새끼들

동물학대는 절대 하지 않고, 청소와 꽃 가꾸기에 전념하고 있습니다."

그렇게 말하는 A씨는 후쿠오카 현내의 피차별부락 출신으로, 세상의 차별과 편견으로 고통받고 그에 반발하며 발버둥치듯 반세기를 살아왔다.

"중학교에 들어갔더니 들개를 포획·처분하는 집안 자식이라면서 친구들이 나를 멀리합디다. 취직도 안 되지, 결혼도 몇 번이나 깨졌어요. 그럴 때마다 오기가 발동하고 허세만 늘더군요. 쥐뿔도 없으면서 자존심만 세지고. 그건 아마 열등의식의 다른 표현이었겠죠. 아버지 대에는 그런 세상에 대한 복수는 돈밖에 없다고, 돈벌이에 매달렸죠. 돈은 개같이 벌어서 정승같이 쓰는 거라면서, 하하. 하지만 우리 세대는 달라요. 돈이 아니라 사람들을 위해 일하고 싶습니다."

A씨는 아버지와 그에 반대하는 직원들 사이에서 괴로워하다, 미세무라의 산속을 헤매 다니던 때가 있었다. 9년 전의 일이다.

"사흘을 먹지도 마시지도 않고 지냈어요, 죽을 작정으로. 어디를 어떻게 걸어 다녔는지 통 기억나지 않지만, 정신을 차리고 보니 길입디다. 그 순간 살아보자는 마음이 용솟음칩디다. 세상이 나를 어떻게 보든 그것은 그들 자유다. 문제는 내 마음이다! 하고요, 하하."

그렇게 방황한 끝에, 세상의 편견에 흔들리지 않는 확고한 신념을 가질 수 있었다고 그는 말한다.

"반발하기도 하고 껍질 속에 숨기도 하고, 그렇게 나는 50년간을 살아왔지만 아무것도 달라지지 않았어요. 먼저 내 생각을 바꿀 것. 그리고 나는 이런 마음으로 일에 최선을 다하고 있다고 세상에 외치는 겁니다. 세상은 그렇게 간단히 바뀌지 않아요. 하지만 끈기를 가지고 노력하는 수밖에 없잖아요? 1대로 안 되면 2대, 2대로도 안 되면 3대. 아주 보잘것없는 노력이지만, 그래도 어느 순간 세상이 '수고하셨습니다. 고맙습니다!'라고 말해주게 됩니다. 그런 거 아니겠습니까?"

그런 신념으로 이 '서비스'는 제공되고 있는 것이다.

'죽음'을 은폐하고자 하는 세상의 벽은 아직 두텁다.

그 벽이 무너지고, 서비스의 제공을 향수하고 있는 이 사회의 사람들이 진심으로 '고맙습니다'라고 말할 그때가 한시라도 빨리 오기를 바란다.

그렇게 되기를 진심으로 바라마지 않는다.

5
타인의 고통

 개고양이를 처분하는 일에 대한 세상의 시선이 어떤 것인지, 그것을 여실히 보여주는 것이 그들 시설의 입지다. 그 대부분은 약속이라도 한 듯 교통이 불편한 산중에 있다.
 "요컨대 혐오시설인 거죠. 여기도 설립할 당시, 담당자 고생이 여간 아니었다고 들었습니다."
 이렇게 말한 사람은 후쿠오카 시 하카타의 히가시 구를 관할하고 있는 후쿠오카 시 동부동물관리센터의 후쿠조노 시즈마사 소장(58세)이다.
 해당 센터는 후쿠오카 시의 최동단, 히사야마쵸와의 경계에 위치한 히가시 구 카마타의 언덕 위에 있다. 센터의 남쪽으로는 후쿠오카 시민이 배설한 쓰레기를 처리하는 동부쓰레기소각장, 서쪽으로는 동부오수처리장이 있다.
 시민이 스스로 배출한 쓰레기와 오수, 그리고 불필요해진 애완동물들. 그것들을 가능한 한 자신들에게서 멀리 떨어진 장소로 쫓아내어 눈에 보이지 않도록 뚜껑을 덮어버리고자 하는 현대사회의 지향을, 이처럼 여실히 보여주고 있는 곳도 드물 것이다.
 센터를 혐오시설로 취급하는 것은 탄산가스로 안락사를

시키는 방법이 나치의 가스실을 연상케 하기 때문이 아니겠느냐고 후쿠조노 소장은 말한다. 실제로 일부의 동물애호단체가 이들 시설을 비난할 때 사용하는 상투적인 문구가 '동물 아우슈비츠'다.

하지만 유대인이 대량으로 학살된 강제수용소에 비유되는 그들 시설의 대부분이, 처분하지 않으면 안 될 동물을 조금이나마 줄이기 위해 꾸준한 노력을 해오고 있다는 사실은 그다지 알려지지 않고 있다.

후쿠오카 현이나 이곳 후쿠오카 시 동부의 동물관리센터에는 일반 동물동과는 별개로 강아지 우리가 설치되어 있다. 그것은 주인들이 필요 없다며 데려온 강아지들 중 생후 2, 3개월된 수컷으로 예쁘게 생긴 중소형견이라는 조건을 갖추고 있는 것을 골라, 예방주사와 질병치료를 해주면서 사육하기 위한 것이다. 강아지는 한 달에 한두 번 열리는 분양회를 통해 희망하는 일반가정으로 분양된다.

"모든 강아지를 구할 수 있으면 좋겠지만, 성장한 뒤 그 개나 그 개가 낳은 새끼가 유기견이 되어 돌아온다면 아무 의미가 없지 않겠어요?"

강아지를 선별하는 조건도 '현실'과의 균형이라는 전제하에 정해진 것이다.

후쿠조노 소장의 센터에서는 분양 전의 강아지와 모범견으로 사육하고 있는 네 마리의 성견을 어린이집이나 유치원으로 파견하는 '만남의 교실'을 2000년 7월부터 실시해오고 있다. 아파트 같은 집합주택에서 살아 개를 키울 수 없는 아이들에게 개와 친해지는 방법을 가르치고 생명의 소중함을 생각할 계기를 만들어주자는 의도에서다. 교실에서는 강아지의 심장소리를 청진기로 들려주기도 하고, 행동이나 표정으로 개의 감정을 이해하는 방법 등을 가르친다. 그런 '만남의 교실'은 인기가 많아서 파견요청이 끊이지 않는다.

"보세요. 귀를 내리고 순종적이잖아요? 우리 기술원들이 정성껏 키우고 있거든요. 새끼 때부터 예뻐해 주고 돌봐주니까, 우리를 대하는 태도가 완전히 달라요."

새끼들 머리를 쓰다듬어주면서 후쿠조노 소장은 예뻐 죽겠다는 표정으로 환하게 웃는다.

강아지들과 함께 '만남대사' 자격으로 파견하고 있는 골든리트리버 한 쌍인 엘(수컷)과 아이(암컷)도 원래는 안락사할 운명에 처해 있던 개들이다. 엘은 주인이 더는 키울 수 없다고 센터로 데려온 개이고, 아이는 길 잃은 개로 경찰서에서 보호받고 있던 개다.

인기가 많은 견종이기도 해서, 아이의 경우는 반드시 주인이 나타날 것이라 믿고, 법률이 정한 3일이 훌쩍 지난 한 달 가까이를 소유자가 나타나기를 기다렸다. 하지만 주인은 나타나지 않았고, 처분을 코앞에 두고 엘을 모범견으로 사육하기 시작한 이곳 센터로 옮겨 온 것이다.

두 마리는 지금 강아지 우리 옆에 있는 높이 2미터 정도의 통나무집 풍의 멋들어진 개집에서 살고 있다.

"우리 기술원들이 쓰레기소각장 앞에 있는 재활용센터에서 재료를 얻어다 만들어줬어요. 두 마리를 훈련시키기 위해서, 그들은 일부러 경찰견훈련소에서 공부까지 했답니다."

한때 이 센터로 한 동물애호가가 처분 전의 개고양이를 인수하기 위해 찾아오던 때가 있었다. 하지만 너무 많은 숫자에 그만 두 손을 들고 말았다.

"동물들 얼굴을 보면 도와주고 싶어지니까, 더 이상 찾아오지 않겠습니다."

그렇게 말하고 그 애호가는 발길을 끊었다고 한다.

안락사 처분을 몸소 실천하면서 그 현실 속에서 '생명'을 키워가고 있는 사람들과, 현실을 외면한 채 '상냥함' 속에 안주하고 있는 우리들 중, 진정으로 우러러야 할 사람은 과연 어느 쪽일까?

논픽션 작가인 사노 신이치는 『일본의 쓰레기』라는 책에서 이른바 '혐오시설' 이라 하여 건설금지 등의 재판에서 다투고 있는 사례를 소개하고, 그들 대부분이 처분과 폐기와 관련된 시설이라고 갈파하고 있다. 그리고 냄새나고 더럽고 이미지가 나쁘고 땅값이 떨어진다는 등의 이유로 사람들이 싫어하는 이들 시설과 더불어, 최근 양호시설이나 양로원, 장애자시설과 정신병원 등도 건설반대운동의 표적이 되고 있다고 지적하고 있다.

또 민속학자인 아카사카 노리오는 『배제의 현상학』이라는 책에서 우리 주변에서 그들을 배척하고자 하는 현대사회의 지향이 따돌림이나 소년들의 부랑자습격사건 등으로 직결되고 있다는 사실을 수많은 사례를 들어 논증하고 있다.

사가 현 동물관리센터를 안내해주고 돌아가는 길, 센터의 운영을 현에서 위임받고 있는 회사의 사장이 흘리듯 한 말이 귓가를 맴돈다.
"2, 3일 전에 라디오에서 이런 말을 하더군요. 어느 집에서 노인이 죽었는데, 그 손자가 '아이, 더러워!' 라고 했다고. 그것이 지금 우리들의 현실입니다."

우리는 쾌적함을 위해 주변에서 더러운 것, 냄새나는 것, 이미지가 나쁜 것을 배제해왔다. 그 대표가 '죽음'이다.
그리고 진짜 '죽음'을 철저하게 배제하는 반면, 미디어가 제공하는 무색무취의 '가상의 죽음' 하고만 친숙해져왔다. 그 결과, 다른 사람의 고통조차 느낄 수 없게 되고 말았다.
'죽음'을 직시함으로써 연민과 타인의 고통을 알 수 있다. 이것만큼은 확실히 장담할 수 있다.

동물관리센터 기술원들이 직접 만든 통나무집에서 살고 있는 엘(위)과 모범견으로 사육되고 있는 아이(아래)

6
고통을 끌어안다

잊을 수 없는 말이 있다.
'필요악'
이 연재의 서두에서 소개한 개고양이의 처분업무를 현장에서 일하고 있는 사람들과의 취재 중에 그들 입에서 튀어나온 말이다.
"필요악이라는 말이 있죠? 우리가 바로 그 필요악입니다."
그런 말로 자신들을 비하하는 사람들에게 나는 항변했다.
"악이라니요, 말도 안 됩니다."
"악이 아니면, 뭡니까?"
그들도 바로 승복하지 않는다.
"그야 당연히 선이죠!"
"선? 어디 신문에 그렇게 한번 써보세요? 동물애호가들이 가만히 있을 것 같소?"
그 사람들이 자신의 존재를 '악'이라고까지 말하게 만드는 세상의 시선에 분노를 느낀 나는, 내친김에 소리쳤다.
"항의할 테면 하라고 하세요. 누가 무섭답니까? 사회의 안전과 환경을 지키고 있는 이 일이 왜 악입니까? 당연히 선이죠. 신문에도 그렇게 쓸 겁니다."

그러므로 여기서 그 약속을 지켜야 한다.

"불필요해진 개나 고양이를 처분하는 일은 악이 아니다. 선이다."

그나저나 '필요악'이라는 말에는 어떤 심정이 담겨져 있었던 것일까?

이번 취재를 하면서, 안락사 처분일을 하고 있는 사람들에게 "괜찮으시면 같이 작업을 하게 해주십시오"라고 몇 번인가 부탁을 한 적이 있다. 그렇게 함으로써 그 업무에 종사하는 사람들의 마음에 조금이나마 다가갈 수 있으리라 생각했기 때문이다.

하지만 매번 거절당했다.

"숨기고 싶어서가 아닙니다. 그냥 아무 죄도 없는 생물을 몇 십, 몇 백 마리를 한꺼번에 죽이는 거잖아요. 그런 고통을 느끼는 것은 우리들만으로 충분해요. 다른 사람한테까지 그런 고통을 겪게 하고 싶진 않습니다. 아무 죄도 없는 것들을 죽여야 하는 고통."

그것이 이유였다.

자신들이 죽여야 하는 동물들에게 죽임을 당할 아무런 이유가 없다는 것은 처분하는 자신들이 누구보다 잘 알고 있다. 그 사실이 그들의 마음을 더욱 아프게 한다.

사가 현 동물관리센터를 처음으로 방문하던 날, 개 우리를 들여다보니 철장 사이로 얼굴을 내밀고 쉬지 않고 짖어대는 중형견이 있었다. 직원에게 묻자, 주인이 필요 없게 됐다면서 바로 그날 센터로 데려왔다는 것이다.

"이 개가 낳은 새끼가 커서, 이제 어미는 필요 없게 됐대요."

이것이 주인이 그 개를 센터로 데려온 이유였다. 마치 새 차로 갈아타기나 하듯, 어미 개는 헌차처럼 버려진 것이다.

그런 것을 알 턱이 없는 개는, 사람이 보이자 자기를 데리러 주인이 왔다고 생각하고 계속 울어댄 것이다. 그 개의 슬픔과 그런 슬픔을 보고도 목숨을 빼앗지 않으면 안 되는 마음의 고통은, 주인을 대신해 센터의 직원이 그대로 감내해야만 한다.

후쿠오카 현내의 보건소에는 여름의 해수욕 시즌이 끝나기가 무섭게 주변마을에서 유기견의 포획요청이 끊이지 않고 들어온다.

집으로 돌아오지 못하게 하기 위해, 주인이 먼 바다로 놀러왔다가 버리고 간 개들이다. 시즌 중에는 해수욕객들로부터 먹이를 얻어먹기도 하지만, 시즌이 끝나면 먹을 것이 없어 쓰레기를 뒤지기 위해 마을로 들어온다. 그 때문에 주민들로

'새끼가 태어나서 어미는 필요가 없어졌다'며 센터로 데려온 개.
주인에게 살려달라고 애원이라도 하듯 쉬지 않고 울어대고 있었다.

부터 신고와 포획의뢰가 들어오는 것이다.

포획되는 개는 잡종뿐만 아니라 고가의 전통종도 많다.

금년도 6월에 미국의 동물보호시설을 시찰하고 온 후쿠오카 현 동물관리센터의 수의사인 고야마 유키에 씨(48세)에 따르면, 미국에서 1년간 안락사 처분되는 개고양이의 수는 약 700만 마리로 일본의 10배 이상에 이른다고 한다. 동물애호운동이 유행처럼 번지고 있고 민간의 활발한 보호활동이 이루어지고 있는데도 불구하고, 그만큼 방대한 수의 동물이 처분되고 있는 배경에는 이익최우선의 거대한 애완동물산업이 존재하고 있다.

그것은 애완동물업계가 급성장하여 시장규모가 8,000억 엔에 이르고 있는 일본에서도 무관한 이야기가 아니다.

시험 삼아 NTT(일본전신전화주식회사)에서 발간한 후쿠오카지방 서부의 전화번호부에서 애완동물 숍을 찾아보니, 그 수가 100건을 훌쩍 넘었다. 동물병원도 91건.

비교삼아 인간의 산부인과를 세어보니 85건, 이비인후과는 74건이었다.

애완동물을 판매하는 곳뿐만 아니라 각종 서비스를 제공하고 있는 가게들도 많다. 예컨대 애완동물 호텔이라는 항목에 57건, 애완동물 미용실이 39건, 애완동물 장의사라는 항목에도 16건의 이름이 있었다. 물고기나 가축의 고기를 원료로 한 영양만점의 애완동물 먹이는 지금은 일반 마켓의 진열장에도 진열되어 있다.

    그들 애완동물산업을 살리기 위해서라도 개고양이는 대량으로 팔리지 않으면 안 된다.

    7, 8년 전에 시베리안 허스키의 강아지를 그린 만화 영향으로 허스키의 사육이 일본에서 폭발적으로 유행한 적이 있다. 번식업자들은 바로 이때다 하고 허스키를 번식시켰고, 애완동물 숍에서도 허스키 새끼들을 정신없이 팔았다. 그로부터 얼마 후, 각지의 보건소나 동물관리센터로 허스키들이 속속 실려 오는 사태가 발생했다. 허스키는 원래 썰매를 끄는 개인만큼 맹렬한 운동량이 필요한데, 좁은 일본주택에서 키우기에는 부적합한 견종이었던 것이다.

    강아지는 인형처럼 귀엽지만, 덩치가 커지면 그들의 맹렬한 운동욕구를 채워줄 수 없게 된다. 당연히 개는 운동부족으로 인한 스트레스로 시끄럽게 짖어댄다. 그러면 이웃들의 불만의 소리는 나날이 거세지고, 결국 어찌해보지 못하고 센터로 보내거나 버리거나 한다.

    어쨌든 동물들이 처분되어야 하는 원인은 사람에게 있지 동물에게 있는 것이 아니다. 그 사실을 알면서도 우리 인간사회를 지키기 위해 처분하지 않으면 안 된다.

    그런 마음의 고통을 우리를 대신해서 짊어지고 있는 사람들이 있다는 사실을, 사회는 좀 더 자각할 필요가 있다.

사람을 물어서 잡혀와 처분을 기다리고 있는 허스키.

7
고통을 감추는 사회

사실은 나도 차에 치여 상처를 입고 버려진 고양이를 외면하지 못하고 키운 경험이 있다. 지병인 만성관절 류머티즘으로 장기간 입원했을 때, 그 병원에서 부모 곁을 떠나 투병생활을 하고 있던 난치병 아이들과 함께, 그 아이들이 주워온 강아지 두 마리와 새끼고양이 한 마리를 병원 직원 몰래 키우기도 했다. 그래서 개고양이를 안락사 시키는 것에 대한 반발이나 심리적인 저항을 이해 못하는 것은 아니다.

하지만 그렇기 때문에 더더욱, 동물들에게는 죄가 없다고 생각하면서 그 생명을 빼앗아야 하는 사람들의 갈등을 충분히 이해할 수 있을 것 같다.

사람은 죽임을 당하는 동물들을 보고 '고통'을 느낀다. 왜냐하면 인간에게는 상대방의 입장에 서서 생각할 수 있는 상상력이 있기 때문이다. 만일 내가 저 동물이라면 얼마나 두렵고 슬프고 고통스럽고 한스러울까, 라고.

생명을 빼앗기는 상대가 인간과 가까울수록 그 고통이 크게 다가오는 것은, 그만큼 감정이입이 쉽기 때문일 것이다. 가슴 깊은 곳에서 끓어오르는 그 '고통'을 달래기 위해, 인간은 여러 가지 신화를 만들어냈다.

깊은 산속에서 고기와 모피를 선물로 주기 위해 신이 곰과 같은 동물의 모습으로 인간세계를 찾아왔다고 믿고, 선물을 받았을 때는 동물신을 정중하게 대접한 후 신의 나라로 돌려보내야 한다고 믿었던 아이누의 신앙은, 그런 인간의 지혜의 아름다운 결정이다.

신이 인간에게 물고기, 새, 가축, 짐승, 땅을 기어다니는 모든 것을 지배하게 했다는 구약성서 창세기의 기술도 그 중 하나일지 모른다.

한때는 사람이 살기 위해서 동물의 목숨을 죽이는 행위를 직접 보거나 행하지 않으면 안 되었다. 그랬기 때문에 그런 신화들이 더 절실히 필요했다. 하지만 그런 행위는 마음에 고통을 주었기 때문에, 화폐경제의 침투로 인해 분업이 진행되자 생활현장에서 서서히 격리되기 시작했고, 신화도 사실감을 상실해갔다.

그렇게 되자 죽임을 당하는 쪽의 입장이 되어 상상하는 것 자체가 고통스러운 일이 되었다. 그것을 견딜 수 없어서 점점 더 보이지 않는 곳으로 몰아낸다. 그 배제와 은폐의 프로세스가 거의 완료된 것이 현대다.

동물을 죽이는 행위를 보지 않아도 되게 된 지금, 우리는 그 행위와 더불어 느끼지 않으면 안 되었던 마음의 고통을 전혀 느끼지 않아도 되게 되었다. 그것은 동물의 목숨을 죽이는 행위에 그치지 않고, 모리오카 마사히로가 『무통문명론』

후쿠오카 현 동물관리센터의 위령비

이라는 책에서 서술했듯이, 모든 심신의 고통을 동반하는 행위를 극구 회피하는 방향으로 이 문명은 진행되어 왔다.

하지만 고통을 느낀다는 것은 살아 있다는 증거이고, 고통을 느끼지 않는다는 것은 삶의 실감이 없다는 것과 같은 말이다. 고통을 느끼지 않고도 살아갈 수 있는 사회는 삶을 실감하기 어려운 사회이기도 하다.

'인간을 파괴하기 쉽다는 것을 확인하기 위한 실험'을 했다는 고베의 소년도, '사람을 죽이는 경험을 해보고 싶었다'는 17살 소년도 막다른 곳에 몰리면 살이 떨리는 것 같은 삶의 실감을 추구했던 것은 아닐까? 흉악범죄를 저지른 소년 중 몇 명은 사건 전에 동물을 참살하거나 학대했다는 사실은 그것을 여실히 증명해주고 있다.

고베의 소년이 자신을 투영하고 있던 신은 생명을 비웃는 '바모이도오키신'이었다. 그는 사람을 죽이고 그 시체를 토막 냈는데, 그 과정에서 고통을 느낄 수 없었다. 지금의 아이들이 '왜 사람을 죽이면 안 되는가?'라고 진지하게 묻는 것도, 다름이 아니라 죽임을 당하는 쪽의 고통을 자신의 것처럼 공감할 수 없기 때문이다.

우리는 고통을 동반하는 행위를 '악'으로 치부하고 주변에서 배제시켜왔다. 하지만 그렇게 고통을 느끼지 않고 살아갈 수 있는 사회가 되었기 때문에, 타인의 입장에 서서 고통을 느낄 수 있는 상상력까지도 상실한 인간을 낳고 있다. 그것은 이 '무통문명'이 필연적으로 직면해야 할 거대한 모순처럼 보인다.

다만 고통을 동반하는 '악'으로써 아무리 은폐하려고 해도, 사람이 살기 위해 동물의 생명을 빼앗지 않으면 안 된다는 사실은 엄연히 존재한다. 그러므로 사회가 숨겨온 그 장소에는 우리를 대신해 매일같이 동물들의 '죽음'과 직면하고 있는 사람들이 있다. 그리고 그 사람들은 죽어가는 동물들에게 자신의 모습을 투영하여 생각함으로써 뼈저린 '고통'을 느낀다.

매일매일 동물의 목숨을 죽이는 것은, 매일매일 자신이 죽임을 당하고 있다는 느낌을 받는 것이기도 하다. 물론 매순간 심각하게만 생각해서는 제정신을 지키기가 어려울 것이므로, 가능한 한 감정이입을 피하고 '괴롭다고 생각하지 말자'고 다짐하고 또 다짐한다. 그래도 많은 사람들은 죽임을 당하는 쪽의 슬픔을 마음 어딘가에서 공유하고 있다.

그렇기 때문에 안락사 처분을 하는 장치를 '드림박스'라고 부르기도 하고, 일단 '살리자'고 결정하고 사육하기 시작한 동물은 어떻게든 잘 키워보려고 온갖 정성을 다 기울인다. 그들의 살리자는 집착은 보통이 아니다.

취재 중에 "지역의 환경을 지키는 이 직업에 자부심을 느낍니다!"라고 당당하게 말해준 베테랑의 광견병예방기술원에게서 "이 일을 시작한 지 30년이 지났지만, 사실은 지금도 부모님이나 처자식에게 어떤 일을 하는지 그 내용을 말하지 못하고 있습니다"라는 고백을 듣고 할 말을 잃은 적이 있다. 부모님 세대는 이런 일을 괄시하는 경향이 있기 때문에 도저히 말할 수 없었다고 그 사람은 말했다.

일의 보람은 물론 자부심까지 느끼고 있으면서도, 30년이라는 긴 세월 동안 가족에게 거짓말을 해야 하는 고뇌를 그 사람에게 떠안게 한 것. 그것은 바로 마음에 고통을 주는 행위를 '악'으로 치부하고 외면해온 이 사회의 시선이다.

요청을 받고 유기견을 포획하러 간 곳에서, 젊은 엄마가 아이를 집안으로 끌고 가며 "너도 공부 안 하면, 저 사람처럼 된다!"라고 하는 말을 들어버린 사람도 있다.

자기가 고통을 느끼고 싶지 않다는 이유로 고통을 동반한 행위를 다른 사람에게 떠넘겨놓고, 그 행위를 '악'이라고 멸시한다.

그런 우리들의 가슴에야말로 진정한 악이 도사리고 있는 것은 아닐까?

8
'성스러움'이 '천함'으로 왜곡되다

"인간사회 속에서밖에 살 수 없는 애완동물이 인간사회에서 쫓겨났다는 것은 곧 수명이 다했다는 것. 그 수명을 마지막으로 좋은 환경에서 마감할 수 있게 해주는 것이 우리의 일이라고 생각합니다."

사가 현 동물관리센터를 운영하는 회사의 사장은 이렇게 말했다.

후쿠오카 시의 광견병예방기술원인 한 사람도 "목숨을 빼앗는 것은 견디기 힘든 일이지만, 그 동물이 가진 수명이 다한 거라고 생각하려고 노력합니다"라고 말했다.

이것을 자기 일을 정당화하기 위한 허울좋은 변명이라고 생각하는 사람도 있을지 모른다. 하지만 잘 생각해보면 그것이 정확히 핵심을 찌르는 말이라는 것을 알 수 있다.

자연 속에서 사는 야생동물의 수는 약육강식이라는 엄격한 자연법칙에 의해 조절된다. 얼룩말을 잡아먹는 사자나 토끼를 포식하는 여우가 있기 때문에 비로소 수의 균형은 유지될 수 있다. 그들이 없다면 먹히는 쪽의 동물이 기하급수적으로 증가해서, 결국 환경악화로 다수의 생물은 종의 존속조차 위협받게 될 것이다.

그렇기 때문에 우리는 포식행위를 '악'이라고 하지 않고, 먹힌 동물에 대해서는 수명이 다한 것이라고 이해한다.

한편 인간세계에서 사는 애완동물의 수는 인간이 조절하는 수밖에 없다. 동물을 인간이라 생각했을 때 무서운 인권침해가 되는 강제적인 거세나 피임이 동물애호라는 미명 하에 오히려 권장된다는 모순이 허용되고 있는 것도, 수를 조절하는 수단으로써는 죽이는 것보다 사람의 마음에 고통을 덜 주기 때문이다.

하지만 그런 방법으로도 충분히 수를 통제할 수 없는 이상, 넘쳐나는 것을 처분하는 작업이 아무래도 필요해지게 된다. 그렇지 않으면 사회의 허용한도를 훌쩍 넘어 동물의 수는 급증하게 되고, 그럼 환경도 안전도 보장할 수 없게 된다.

애완동물업계의 영업의 자유까지 포함해 자유가 존중되고 있는 이 사회 속에서, 완전한 출산통제가 실현될 가능성은 낮다. 만일 그것이 실현된다고 해도, 주인이 어떤 이유에서든 애완동물을 키울 수 없게 되었을 때 그 동물(늙은 개나 고양이도 많다)을 어떻게 할 것이냐 하는 문제가 남는다. 사람이 애완동물을 키우는 한, 처분이라는 현실은 피하려야 피할 수 없는 숙제와 같다.

그렇다면 자연 속에서 포획되어 죽는 것을 수명이라고 생각하는 것과 마찬가지로, 인간사회에서 추방당한 애완동물이 처분되는 것을 수명이라고 생각하는 것은 어쩌면 지극히 자연스러운 일이 아닐까?

 물론 이유 없이 함부로 생물을 죽이는 것은 옳은 일은 아니다. 하지만 사회를 위해, 자신과 가족이 살기 위해 마음의 고통을 감내하면서 동물의 목숨을 죽일 수 있는 '강인함'을 갖는 것은 진정 신성하고 존중해야 할 일이라고 나는 생각한다.

 후쿠오카 현 동물관리센터의 수의사인 고야마 유키에(48세)가 이런 이야기를 했다.

 "분양회에 내보내자고 결정한 강아지가 병에 걸려서, 치료를 해도 낫지 않아 결국 안락사 시켜야 하는 경우도 있어요. 그럴 때면 현장 사람들이 말해줘요. 고야마 씨, 당신이 못하겠으면 우리한테 말해요, 라고."

 서양사학자인 아베 킨야는 특정 직업에 종사하는 사람들에 대한 천시가 유럽중세에 생긴 과정을 다음과 같이 설명한다.

 한때 사람들은 집이나 마을, 도시와 같이 인간이 어렵게나마 자연의 힘을 제어할 수 있는 영역(=소우주)과 그 외부로 퍼져있는 산과 숲, 바다와 황야 등 인간의 힘이 미치지 않는 영역(=대우주)으로 분류하고, 대우주에는 죽음과 악령, 신들, 재난의 원인이나 운명을 정하는 것 등이 있다고 생각했다. 그래서 두 개의 우주 사이에서 일반인이 제어할 수 없는 대우

제1부 애완동물의 행방

주의 요소를 교묘하게 제어할 수 있는 능력을 가진 사람들을 그들은 경외했다. '죽음'을 다루는 사람은 소우주에서 대우주로 사자(死者)를 보내는 것으로, 그 전형이었다.

그런데 기독교의 보급으로 인해, 관념의 차원에서는 두 우주의 틀이 깨지고 일원화되었다. 그때 기독교측이 사람들의 경외심을 근거 없는 것이라고 일축하고, 자기들과는 다르다는 감각만을 부각시켜 천시하는 경향이 생겼다.

아베의 설명은 일본에서도 마찬가지로, 일본역사가인 아미노 요시히코에 따르면 동물의 '죽음'에 관여하는 사람들은 옛날에 신불(信佛)과 연관지어 부정을 씻어내는 일에 종사하는 사람으로 경외시하는 존재였다. 그런데 화폐경제가 정착하고 신불의 권위가 기울기 시작한 13세기 말 무렵부터 그런 사람들 자체를 천시하는 분위기가 일부에 강하게 나타나기 시작했고, 남북조 이후 그런 풍조가 결정적이 되었다고 한다.

이것을 아미노는 "성스러운 자가 천함으로 전환하는 것이라 아니 할 수 없다"고 쓰고 있다.

즉 동서양을 불문하고 천시의 배후에는 경외시하는 마음이 있고, 그것이 왜곡되어 차별을 낳았다는 말이다.

개고양이의 처분에 종사하는 사람들은 현재, 일반 공모를 통해 채용되고 있다. 드러내놓고 차별적인 태도를 취하는 사람도 표면상으로는 줄어들고 있다. 하지만 상냥함만이 칭찬받는 풍조 속에서, 이들의 일에 대한 세상 사람들의 왜곡된 시선은 오히려 은밀하게 증가하고 있는 것처럼 보인다. 그 왜곡된 시선을 바로 잡고, 원래의 경외심을 되돌릴 수는 없는 것일까?

어느 처분시설에서 연수를 한 애완동물전문학교 학생들의 2년치 감상문을 읽은 적이 있다.
"매일 개들이 죽어가는 것을 보고도 눈물이 나지 않게 된 것은 마음이 마비되어서인가요? 개를 보고 순순히 귀엽다는 생각이 들기나 합니까? 이것이 솔직한 나의 생각입니다."
"동물이라고 해도, 생명의 소중함은 사람과 전혀 다르지 않다고 생각합니다."
"이렇게 가까이에서 잔혹한 일이 벌어지고 있다는 사실을 몰랐습니다."
등등.
직원의 한숨소리가 들릴 것 같은 글들이 계속 이어진다. 마음이 울적해져 있는데, 용지의 기입란 밖으로 삐져나와 있는 문장이 눈에 들어왔다.
"직원 여러분, 항상 수고 많으십니다. 누군가가 하지 않으면 안 될 일을 책임감 있게 해주고 계신 여러분을 진심으로 존경합니다."
눈물이 나왔다.

9
생명의 순환

개고양이를 처분하는 직업에 종사하는 사람들이 일에 석연찮음을 느끼는 이유 중 하나로, 안락사한 개고양이의 몸을 곧바로 소각한다는 일 때문일지도 모른다.

그들의 죽음이 사람에게 도움이 될 뭔가가 만들어진다면 의미를 찾기 쉽겠지만, 소각하여 남는 것은 재뿐이다. 사실은 지역사회의 안전과 양호한 환경이 생산된다고 할 수 있지만, 그것들은 눈에 보이지 않기 때문에 의미를 실감하기 어렵다.

사실 지역에 따라 차이는 있지만, 일본에서도 전후(戰後) 꽤 오래도록, 처분한 개의 몸은 아주 유효하게 이용되었다. 가죽은 장갑이나 아이들 신발로, 지방은 비누의 원료로, 뼈는 비료로, 고기는 뼈와 함께 비료의 원료가 되기도 하고, 일부는 식육이나 소시지의 원료로써도 유통되었다.

일본인이 개고양이의 사체를 자원으로써 이용해온 역사는 오래되어, 동물고고학을 전공하는 마츠이 아키라에 따르면 야요이시대(生時代, 기원전 3세기부터 서기 3세기까지에 이르는 우리의 청동기, 철기시대를 말한다 - 옮긴이)에는 이미 개고기를 먹는 풍습이 있었다고 한다. 헤이죠쿄(平城京, 지금의 나라 시 부근 - 옮긴이)나 헤이안쿄(平安京, 지금의 교토 시 중부 - 옮긴이)의 운하 주변이나 중

세유적에서도 조리한 흔적이 있는 개의 뼈가 대량 출토되었고, 귀족들이 놀았던 축구용 공도 개가죽으로 만들었다고 한다.

중세 말부터 근세에 이르러서는, 사냥용 매의 먹이로 쓰기 위해 전국각지에서 조직적으로 개 사육이 이루어지게 된다. 이 시대에도 사람이 개고기를 먹는 것은 드문 일이 아니었다.

에도시대의 병법가인 다이도지 유잔은 17세기 중반의 에도마을을 다음과 같이 기술했다.

"해당지역에서 개라고 생긴 것을 좀처럼 찾아볼 수 없는 것은, 무가(武家)와 민가의 백성들이 모두 개고기만큼 맛있는 것이 없다며 겨울이 되면 보이는 족족 잡아먹었기 때문이다."

개고기가 맛있기 때문에 무사도 민간인도 개를 보기만 하면 잡아먹어서 마을에서 개의 모습을 찾아보기 힘들 정도였다는 얘기다.

1760년에 간행된 『명산제식왕래』에는 멧돼지, 사슴, 곰 같은 사냥짐승과 함께 개나 고양이의 고기가 에도마을에서 팔렸다는 기록이 남아 있다.

그리고 식량난이 심했던 전후에는 개고기의 행상이 성행하여 일본인의 귀중한 단백원이 되었다. 또 샤미센(三味線, 일본 전통의 현악기 중 하나 - 옮긴이)에 고양이 가죽, 츠가루샤미센(津輕三味線, 아오모리 현의 츠가루 지방에 전해오는 샤미센 - 옮긴이)에 개 가

뼛가루를 이용해 만든 비료(위) 그 비료를 이용한 밭에서 열매를 맺은 수박(아래)

죽이 사용되고 있는 것은 주지의 사실이다.

2000년 동안이나 사용해온 역사가 있음에도 불구하고 경제의 고도성장과 서양 가치관의 침투와 더불어, 개고양이를 자원으로 활용하는 것은 이미지가 나쁘다고 경원시하기 시작하더니 마침내는 소나 돼지, 석유화학제품에 밀려나 더 이상 이용하지 않게 되었다. 그리고 악취 등 주민과의 마찰을 피하기 위해, 처분 후 즉시 소각하는 지금의 방식이 채용된 것이다.

대부분의 시설이 소각 후의 뼛가루를 쓰레기로써 최종처분장에 버리고 있는 가운데, 후쿠오카 현 동물관리센터는 유기농법을 하는 사람들에게 비료로써 무상으로 보내주고 있다. 적어도 소각한 후의 뼈만이라도 사람에게 보탬이 되라는 취지에서다.

어느 여름날, 그 유기농법의 농원을 찾았다.

"1년에 경트럭 5대 분량정도를 받아옵니다. 죽은 것은 흙으로 돌아가 다시 새로운 생명을 키운다. 그것이 우주의 법칙이니까. 개고양이의 뼈라고 해서 달리 꺼림칙해할 이유는 없습니다. 아주 질 좋은 단맛을 내는 최고의 린산칼슘 비료일 뿐이죠."

농원의 대표는 그렇게 말하고, 햇볕에 까맣게 탄 얼굴에 자글자글한 주름을 만들며 환하게 웃었다.

그런 그도 사정을 안 여성한테서 "그런 걸로 키운 채소는 먹을 수 없어요!"라는 말을 들은 뒤로는, 소비자들의 그 같은 거부반응을 경계하여 개고양이의 뼈를 비료로 쓰고 있다는 사실을 공개하지 않고 있다. 대부분 시설에서 나오는 뼛가루가 이용되지 못하고 버려지는 것도 그런 세상의 잘못된 편견이 배경에 있기 때문이다.

'죽음'을 철저하게 배제하고 있는 이 사회는, 개고양이의 뼈를 흙으로 돌려보내 비료로 이용하는 것조차 거부하고 있다.

이 유기농법 농원은 받아온 뼛가루를 분쇄기로 갈아서 퇴비나 왕겨와 섞어 숙성시킨 발효비료로 만들어 이용하고 있다.

"뼛가루 채로 넣으면 흙 속의 철이나 알루미늄에 흡착되어 40일 정도밖에 그 효과가 안 갑니다. 하지만 퇴비의 후민산과 섞어서 쓰면 흡착되기 어려워지기 때문에 그 효과가 오래 가죠. 발효비료를 만들 때도 시판되는 균은 사용하지 않아요. 이곳 죽림의 부엽토에서 하얀 균사를 채취해서 넣습니다. 이곳 토지와 친숙한 토양균이 제일 좋으니까요."

뼛가루는 그 정도로 정교한 관리 하에 이용되고 있었다.

우리는 '죽음'을 우리 주변에서 철저하게 배제시킨 것과 마찬가지로, '죽음'을 '생명'으로 바꿔주는 흙을 '더러운 것'이라고 멀리하고 흙과 동떨어진 생활을 추구해왔다. 그것은 우리가 '생명'의 순환성을 외면하고 한번 뿐인 '자아의 삶'만을 탐닉하는 문명을 키워왔음을 말해주고 있다.

쌍떡잎을 벌린 오이모종. 새로운 '생명'이 숨쉬고 있었다.

농원의 대표는 집에서 줄곧 개를 키우고 있는데, 그 동안 죽은 개들은 나무 밑에 묻어주었다고 한다. 흙으로 돌려보내 나무의 영양분이 되도록 하기 위해서다.

"몸은 죽더라도 또 다른 사명이 있으니까요. 우리 나이가 되면, 죽음을 기다리고 있는 노인들 병문안 가는 일이 많아져요. 그런데 열이면 열, 모두 죽고 싶지 않다고 해요. 그럴 때면 늘 말하죠. 무슨 소리냐고, 죽지 않으면 다음 생도 얻지 못하게 된다고. 몸은 일단 세상에 돌려주고, 다시 태어나게 될 거라고. 그럼 다들 '그런가?' 라고 고개를 끄덕이거든."

그의 안내로 뼛가루를 비료로 쓰고 있는 밭을 돌아보았다. 제초제를 쓰지 않은 때문인지 잡초가 무성한 밭에서, 줄기와 넝쿨을 맘껏 뻗은 가지와 토마토와 수박 들이 훌륭하게 열매를 맺고 있었다.

오두막 앞에 검은 모종판이 즐비해 있었다.

들여다보니 이제 막 싹이 돋아난 오이의 떡잎이 하늘을 향해 두 팔을 벌리고 한껏 일광욕을 즐기고 있었다. 그 흙에도 개고양이의 뼈가 비료로 사용되고 있다.

죽은 개고양이의 생명이 새로운 생명이 되어, 그곳에서 숨 쉬고 있음을 느낄 수 있었다.

나는 감격에 벅차서 카메라의 셔터를 연이어 눌러댔다.

제2부 고기를 만들다

1
생명을 유지하기 위하여

눈만 내놓고 큼직한 마스크로 얼굴을 가리고, 실내인데도 모자가 달린 우비로 위아래를 완전무장한 모습으로 그 사람은 나타났다.

"안녕하십니까? 오늘 실례 좀 하겠습니다!"

인사를 건넨 나를 그는 한번 힐끔거렸을 뿐 한마디 말도 없이 투명한 플라스틱으로 된 얼굴가리개와 하얀 비닐로 된 앞치마를 서둘러 둘러맸다.

역시 초대받지 않은 손님인가? 이번 취재도 난항이 예고되고 있었다.

후쿠오카 도시권에 있는 공업단지의 한 모퉁이. 자동화된 네덜란드제 라인이 둔중한 기계음을 내면서 작동을 개시하는 오전 5시, 그의 일은 시작되었다. 그의 등 뒤에는 대형트럭의 짐칸에서 내려진 오렌지색 컨테이너 박스가 몇 겹으로 쌓여 거대한 벽을 만들고 있다. 그 각각의 박스 안에는 양계장에서 출하된 체중 3킬로 정도 되는 살아있는 닭이 8마리씩 들어있다.

해체장으로 연결된 라인의 끝부분에는 다른 두 남자가 지켜서 있는데, 그들은 몇 겹으로 쌓여 있는 컨테이너 박스를

제2부 고기를 만들다

한 줄씩 끌고 와서는 그 속에 든 닭들을 꺼내놓는다. 좁은 박스 안에서 밖으로 끌려나온 닭들은 "꼭꼬댁 꼬오꼬 꼭꼬댁 꼬오꼬" 비명을 질러대며 자유를 달라는 듯 날개를 심하게 파닥거린다.

그들은 닭을 거꾸로 해서 컨베이어를 타고 들어오는 쇠고리에 다리를 건다. 두 다리가 고정된 채 거꾸로 매달려 있는 닭은 그 쇠고리에서 다리를 빼려고 한참을 버둥거린다. 하지만 물이 든 수조 위에 도착해 물 속으로 머리가 처박히면, 순간 그 움직임은 정지하고 온몸의 힘이 빠져 축 처지게 된다. 물 속은 전류가 흐르도록 되어 있기 때문에 그 충격으로 기절을 한 것이다.

기절한 닭이 물에서 다시 올라오는 곳, 거기가 우비로 몸을 감싼 그 사람의 자리다. 그는 축 처진 닭의 목을 거머잡고 차례차례 자동커터기에 들이민다.

목에 칼이 들어간 순간, 실신에서 막 깨어난 닭들은 또 한 번 심하게 몸부림치고 그 바람에 선혈은 사방으로 흩뿌려진다. 우비나 얼굴가리개는 바로 이 선혈이 옷과 몸에 튕겨지는 것을 막기 위한 예방책이었던 것이다.

경동맥이 잘린 닭은 거꾸로 매달린 채 방혈(放血)용 터널 속을 2분 정도에 걸쳐 통과한다. 이제 몸속에 피라고는 한 방울도 남아 있지 않을 텐데도, 터널을 빠져나온 뒤에도 생각났다는 듯 날개를 파닥이는 닭이 적잖다.

닭 처리장에 산처럼 쌓인 컨테이너 박스. 박스 안에는 8마리씩 살아있는 닭이 들어있다. (위)
박스에서 꺼내진 닭은 쇠고리에 두 다리를 매단 채 심하게 몸부림치지만, 전기가 흐르고 있는 물 속에
머리가 처박히는 순간 몸부림은 뚝 그친다. (아래)

그날 고기가 될 2,200마리의 닭 중 절반가량의 도축이 끝난 오전 6시 전, 컨테이너 박스 속에서 순서를 기다리던 한 마리의 수탉이 갑자기 꼬끼오 꼬꼬 ~ 라고 우렁찬 목소리로 시간을 알렸다. 그러자 그 소리를 신호로 여기저기 컨테이너 박스에서 수탉들의 울음소리가 연이어 터지기 시작했다.

뜻밖의 꼬끼오 꼬꼬 라는 합창을 들으면서 컨테이너 박스에 난 구멍을 통해 안을 들여다보니, 종계장에서 명예퇴직당한 암탉인지 박스 안에서 달걀을 낳고 있는 놈도 있었다. 잠시 후면 죽게 될 운명에 놓인 그 순간에도 닭들은 일상의 '삶'을 계속하고 있었던 것이다.

구마모토 현의 한 시골에서 자란 내가 어렸을 때 닭고기는 집에서 키우던 닭을 아버지가 직접 죽여서 손질해주지 않으면 먹을 수 없는 것이었다.

조금 전까지 마당 여기저기를 돌아다니며 모이를 쪼아 먹던 닭을, 두 다리를 묶어 나뭇가지에 거꾸로 매달아놓고 식칼로 목을 잘라낸다. 닭은 피를 흘리면서 한참을 발버둥치다 끝내 숨을 거두고, 털이 뽑힌 다음 부위별로 토막토막 해체된다. 그 일련의 과정을 지켜본 뒤에 고기의 기막힌 맛을 보게 되었다. 죽이는 것은 달걀을 잘 낳지 못하게 된 노계였기 때문에 고기는 질겼지만, 우리는 게걸스럽게 그것을 먹었다.

초등학생 때, 병에 걸려 허약해진 암탉 한 마리를 "어차피

숨겨진 풍경

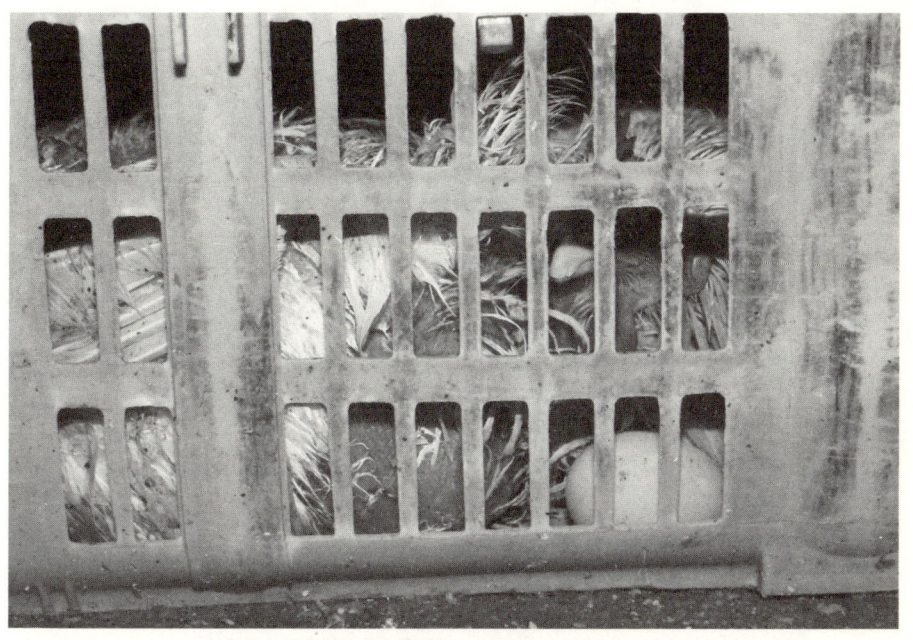
죽음을 기다리는 컨테이너 박스 안에서 알을 낳는 닭도 있다.

먹지도 못하니까"라면서 아버지가 우리에게 주신 적이 있다. 그 당시 동네 남자아이들 사이에서는 철사로 만든 화살이 유행이었다. 우리는 그 암탉을 논에 풀어놓고 움직이는 표적으로 삼았다.

아이가 만든 조잡한 화살이었던지라 화살은 맞아도 가벼운 상처만 입힐 뿐, 병든 닭은 좀처럼 죽지 않았다. 살아서 도망치는 표적을 탄성을 지르며 쫓아다니던 악동들도 시간이 갈수록 겁에 질려 숨을 죽였다.

화살로 죽이는 것을 포기한 우리는, 암탉을 붙잡아 대밭에 구덩이를 파서 산 채로 묻기로 했다.

그런데 덮은 흙을 밟고 또 밟아도, 발을 치우기만 하면 흙이 꿈틀꿈틀 움직이는 것이다. 우리는 너무 무서워져서, '제발 빨리 죽어라!' 라고 마음속으로 외치면서 온 힘을 다해 신들린 사람처럼 흙을 밟고 또 밟아댔다.

하지만 아무리 밟아도 그 흙의 움직임은 멈추지 않았고, 공포에 질린 우리는 결국 그 자리를 도망쳐 나왔다.

생명이란 이처럼 무시무시한 것이구나, 우리는 바로 그 생명을 먹고 살고 있구나 라고 그때 확실히 깨달았다. 그리고 그 무시무시한 생명을 가족을 위해 닭에게서 빼앗아 고기로 만들어주시는 아버지에게 어렴풋한 경의 같은 것을 갖게 되었다.

내 눈앞에서 도축작업을 하고 있는 우비차림의 그 사람에게서 당시 아버지의 모습을 엿본 나는 다시 한 번 인사를 건넸다.

"힘드시겠습니다. 수고가 많으시네요."

그러자 마스크와 모자 사이에 빠끔히 내다보이는 그의 눈이 초승달처럼 가늘어졌다. 마스크에 가려진 입가가 웃고 있음을 알 수 있었다.

"응! 힘들어요. 그래도, 매일, 열심히 해요."

기계음에 섞여 얼굴가리개와 마스크 안쪽에서 서툰 일본어가 들려왔다. 그때까지 일본인일 거라고 생각했던 그 사람이 일본인이 아니라는 사실을 그때 처음 알았다.

오전 6시 40분, 그날의 도축이 끝나자 고리에 닭의 다리를 거는 작업을 하던 남자 중 한 사람이 반입구의 청소를 시작했다. 다가가보니 노인이었다. 나이를 물었더니 68세란다.

닭이 든 컨테이너 박스는 한 개가 약 30킬로그램. 그것을 7단 8단으로 쌓아올린 것을 라인의 말단까지 끌고 와서, 작업대 위에 올려놓고 닭들을 꺼낸다. 도축과 해체 과정 중 육체적으로 가장 힘든 그 작업을 담당하고 있는 사람은 70살 가까운 노인이었다.

그에 따르면 우비를 입고 닭 모가지를 자르던 사람은 페루에서 온 일본계 3세라고 한다.

"이런 더러운 일은 아무도 하고 싶어 하지 않거든."

노인은 그렇게 말하고, 그저 방관자에 불과한 나 자신이 부끄러워질 정도로 너무너무 상냥한 미소를 지었다.

　일본인의 식탁에 없어서는 안 될 고기.
　고기가 없는 식탁이라니, 지금의 아이들은 사흘도 못 견딜 것이다.
　하지만 고기에 의존한 식생활을 영위하고 있으면서도, 그 고기가 어떻게 해서 생산되는지 알고 있는 아이는 거의 없다.
　아이들만이 아니다. 대부분의 어른도 막연히 이해는 하고 있을지언정 어떻게든 그것을 외면하려 하고 있다. 마치 고기는 원래부터 고기의 모습으로 거기에 있었던 것처럼.
　그렇게 '생명'은 점점 우리 시야에서 멀어져간다.
　제2부에서는 우리의 삶을 지탱해주는 '고기'를 만드는 현장을 찾아가, 그곳에서 일하는 사람들의 목소리를 들어본다.

2
'아름다운 나라'의 한 귀퉁이에서

오전 5시 전에 출근해서 우비를 입고 닭 모가지를 자르고 있던 그, 호루에 미우라(38세)는 오후 6시가 지나서도 아직 닭처리장에서 일하고 있었다.

도축작업은 2시간 정도로 끝났지만, 그 뒤 네덜란드제 기계를 청소하고 점검하고 기름칠까지를 일사천리로 끝내고, 오후부터는 고기를 손질하는 현장으로 옮긴 것이다.

그날의 작업을 끝내고 차분히 이야기를 들을 수 있기까지는 저녁 7시가 지나야 했다.

"사실 호루에는 여기 정사원이 아닙니다. 사원은 주 40시간 노동이라는 제한이 있어서 퇴근시간이 되면 바로 돌아가야 하지만, 그들은 잔업수당을 주면 얼마든지 일해 주거든요. 얼마나 고마운지 모릅니다."

호루에와 마찬가지로 이른 아침부터 눈코 뜰 새 없이 일하던 현장감독인 공장장이 호루에의 장시간근무의 배경을 그렇게 설명해주었다.

이곳 닭처리장에서는 호루에뿐만 아니라 그의 동생 부부도 함께 일하고 있었는데, 호루에의 누나와 아내도 이곳에서 일한 적이 있다고 한다.

우비에 얼굴가리개까지 착용하고, 자동커터기로 닭 모가지를 자르고 있는 페루 국적의 일본계 3세인 호루에.

호루에의 고향은 태평양에 면해 있는 페루 북서부의 지방 도시인 치크라요. 조부가 일본의 야마구치 현 출신으로, 언제나 입버릇처럼 "일본은 아름다운 나라다"라고 말씀하셨다고 한다. 그리고 친척 중에 가장 먼저 도쿄로 돈벌러 나온 사촌이 "일본은 아름답고, 일자리도 많더라"고 자신 있게 말했기 때문에, 형제자매 사이에 아직 본 적도 없는 할아버지의 고국에 대한 향수 같은 것이 감돌고 있었다.

미국 아리조나 주에 있는 대학에서 경영학을 전공하고 귀국한 호루에도, 실업자가 넘치고 있는 페루에서는 원하는 일자리를 찾지 못하고 한발 앞서 일본으로 간 동생의 권유로 1992년 5월에 일본으로 건너왔다.

당초 형제는 규슈의 건설관련회사에서 일을 시작했지만, 그곳은 너무 많은 위험이 도사리고 있는 직장이었다. 같이 일하는 동료에게 낙하물에 인부가 머리를 맞아 죽은 사건이 있었다는 이야기를 듣고, 더 이상 일하는 것이 두려워진 형제는 그곳을 그만두고 지금의 직장으로 옮겨왔다고 한다.

닭고기는 페루에서도 먹었지만, 닭을 죽이는 것도 고기를 손질하는 것도 처음 하는 경험이었다.

"칼로 목, 잘라요. 피, 많이 나요. 처음에, 깜짝 놀랐어요. 불쌍했어요. 하지만 일. 매일매일. 불쌍해. 그래도 해야 해요."

이곳 닭처리장이 현재의 위치로 옮겨온 6년 전만 해도 닭의 모가지는 모두 칼로 직접 잘라야 했다. 그 때문에 우비는 항상 새빨간 피로 물들어 있었다. 지금도 덩치가 큰 수탉이나 사이즈가 너무 작은 닭은 칼로 자르지만, 그 밖의 것은 자동 커터기로 자를 수 있게 된 덕분에 예전에 비하면 뒤집어쓰는 피의 양이 훨씬 줄었다고 한다.

그가 이곳에서 일한 지도 어언 8년. 도축한 닭은 400만 마리가 넘는다.

일본으로 오기 직전에 태어난 외동딸은 초등학교 3학년이 되어 일본어를 모국어처럼 구사한다지만, 이른 아침부터 밤까지 이 처리장에서 일하고 "일요일, 나, 힘없어요. 나, 잠만 자요"라는 호루에를 비롯한 어른들은 아직도 더듬더듬 서툰 일본어밖에 할 줄 모른다.

호루에 형제는 이 회사에서 받는 월급에서 일부를 떼어 페루에 남겨두고 온 62세의 어머니에게 매달 보내고 있다. 일본으로 건너오시라고 여러 차례 어머니를 설득해보지만, 아는 사람도 없는 일본에 가면 매일 아파트에 혼자 틀어박혀 지내야 할 것 아니냐며 미동도 하지 않는단다.

"나도, 아내도, 페루에 있는 가족만, 걱정, 걱정해요."

'걱정'이라는 말을 두 번이나 반복해 말한 그는, 벌써 4년이나 어머니의 얼굴을 보지 못했다. 건강하신지 어떤지, 한 달에 한두 번 전화해서 확인할 뿐이다.

반대로 일본에서 화산이나 수해 같은 큰 재해가 발생하면, 어떻게 알았는지 그때마다 페루의 어머니에게서 전화가 걸

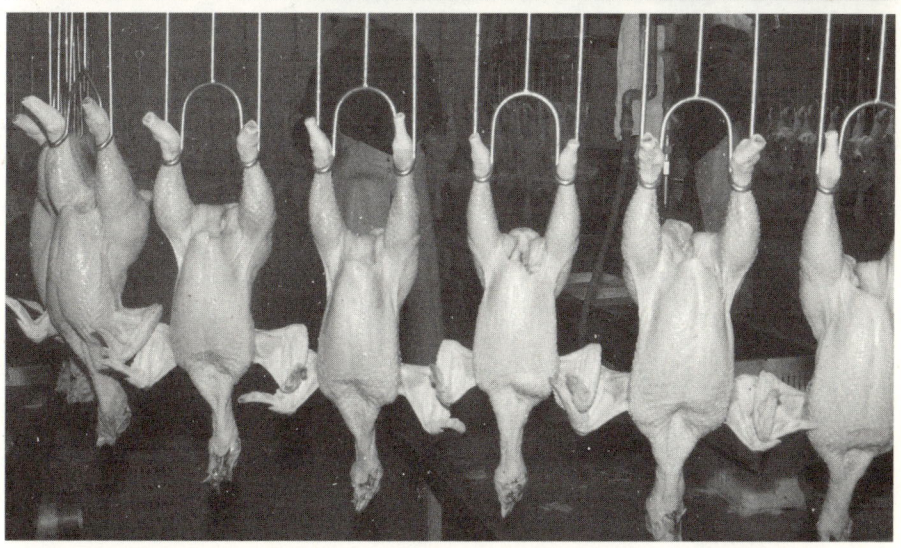

피가 다 빠지고 해체장으로 향해 가는 닭들. 가끔 몸을 꿈틀거리는 닭도 아직 있다.(위)
털이 다 뽑혀 알몸이 된 닭들.(아래)

려온다.

"일본, 넓은데, 다 같다고 생각해요. 이상해요."

그렇게 말하고 유쾌하게 웃는 호루에를 보고, 나는 전화로 긴 대화를 나누는 어머니와 아들의 모습을 상상해본다.

"지금은 집에 전화가 있으니까 다행이에요."

내가 말하자, 그는 또 그것이 너무 당연한 얘기라는 듯 이렇게 대답했다.

"나, 전화 없어요. 어머니, 옆집 사는 일본사람한테 전화 걸어요. 나, 전화 빌려서 이야기해요."

세상은 인터넷이다, IT혁명이다 야단인 이때에, 같은 일본 땅 한 귀퉁이에서는 집에 전화도 없이 고국에 남겨두고 온 어머니를 걱정하면서 매일 우비차림으로 2,000마리가 넘는 닭의 모가지를 잘라야 하는 사람이 여기 있다.

도축작업이 끝난 후, 반입구 앞 상자 안에는 모가지만 잘린 채 털도 뽑지 않고 아무렇게나 쌓여있는 닭들의 시체가 있었다.

종업원에게 물었더니, 종계장에서 보내온 '경제기간'이 끝난 수탉이라고 한다. 몸집이 커서 기계로는 어쩌지 못하고 모두 수작업으로 해야 하는데다, 고기가 질겨서 값도 제대로 받을 수 없다. 결과적으로 채산이 맞지 않아 그대로 폐기한다는 것이다.

해체되지도 못한 채 쓰레기처럼 방치되어 있는 수탉들의 시체.

"옛날에는 저민 고기로 만들어 썼는데. 요즘은 입들이 고급스러워져서 이런 고기는 안 먹으려고 하니, 아깝지만 쓰레기나 매일반이죠."

고기로 먹히지도 못하고 마치 쓰레기처럼 버려진 수탉들의 시체.

그것은 호루에의 조부가 말씀하신 '아름다운 나라'의 현주소를 그대로 상징해주는 광경이었다.

3
'생명'이 음식으로 바뀔 때

폭 1미터 정도 되는 좁은 통로에 한 줄로 서서 소들은 순서를 기다리고 있었다. 검은 털의 일본 소, 홀스타인, 붉은 소도 있다. 코뚜레의 로프는 머리 위 갈고랑이에 묶여지고, 레일을 따라 움직이는 그 갈고랑이에 이끌려 천천히 안쪽으로 걸어간다.

사정을 눈치 챘는지 이 통로로 끌려오는 도중에 한 마리의 홀스타인이 도망쳤다. 사람의 어깨 높이로 가로 쳐진 쇠사슬을 뛰어넘어 다른 구획으로 도망친 것이다.

하지만 금방 다시 잡혀와 정해진 갈고랑이에 묶였다.

통로의 맨 끝은 '총격장'이라고 하는데, 여기에서 소의 이마에 권총으로 쏜 나사가 박힌다.

그 순간 소의 몸은 경련을 일으키며 경직된다. 그와 동시에 측면의 철판이 열리고, 소는 한단 낮게 만들어진 옆방으로 굴러 떨어진다.

"총격장에서 도망치려고 로프를 잡아끊는 소가 있는데, 그 로프에 끼어서 큰 부상을 입은 직원도 있어요."

현장을 안내해주던 전무가 그렇게 말해주었다. 소도 필사적이지만, 작업하는 직원도 심각하다.

총격장에서 굴러 떨어진 소는 곧장 목에 칼이 꽂히고 경동맥이 절단된다. 그 사이에 총격장에서 내려온 사람이 이마에 난 구멍에 긴 철사를 집어넣어 중추신경을 마비시킨다. 척추반사로 다리가 순간적으로 움직이는 경우도 있어 위험하기 때문이다.

　동시에 다른 사람이 칼로 목을 세로로 가르고 경동맥과 식도를 노출시킨다. 세탁기의 배수호스에서 물이 뿜어져 나오는 것처럼 경동맥의 절단면에서 피가 힘차게 뿜어져 나온다.

　"한시라도 빨리 피를 뽑아내지 않으면 심장박동이 약해져서 모세혈관에 피가 남게 됩니다. 그러면 부패가 빨라지고 맛도 떨어지죠. 얼마나 빨리 피를 뽑아내느냐? 시간과의 싸움인 셈이죠."

　목을 잘린 소는 한쪽 뒷다리에 쇠사슬이 감기고 윈치로 들어올려진다. 700～800킬로그램이나 되는 홀스타인을 가까이에서 올려다보면 그 박력이 아주 대단하다.

　그 소의 식도 끝을 한 사람이 특수한 기구를 사용해 민첩하게 고무줄로 묶는다. 병원성대장균 O157 소동 이후 도입된 조치인데, 소화기 내의 내용물이 밖으로 흘러나와 오염시키는 것을 막기 위한 것이다. 칼이나 식도를 묶기 위한 기구는 한 마리 처리할 때마다 섭씨 83도의 뜨거운 물로 7초간 소독되고, 피가 묻은 소의 몸뚱어리와 작업실 바닥도 한 마리 처리할 때마다 깨끗하게 씻어낸다.

도축된 소는 해체장으로 옮겨져 항문을 묶고 발목을 절단한 후, 껍질을 벗기고 머리를 잘라낸다. 뒤이어 가슴을 가르고 칼로 배를 가르면, 내장이 묵직하게 스테인리스 검사대로 미끄러져 내린다. 마지막으로 척추가 세로로 두 동강이 나면 비로소 고기가 완성된다.

분리된 머리와 내장은 도축검사원에 의해 질병에 의한 변질이 없는지 체크되고, 이상이 발견된 것은 검사대 옆에 놓인 컨테이너박스로 버려진다. 보고 있는 동안에도 두 아름이나 되는 간이 컨테이너박스로 던져졌다. 검사원에게 물었더니 간농양이 있단다.

1997년도의 통계에 따르면, 국내에서 도축된 소나 돼지나 말 같은 대형 동물의 68퍼센트에서 이상이 발견되어 그 부위가 폐기되었다. 염증이나 염증산물에 의한 오염, 변성, 위축, 기생충병 등이 주된 이유인데, 흔히 말하는 '좋은 소'일수록 간의 폐기율이 높다고 한다. 맛이 좋고 가격이 비싼 지방 섞인 고기를 만들기 위해서는 소의 혈통선정을 비롯해, 사료의 종류와 먹이는 방법 등 철저한 관리와 연구가 요구된다. 그런데 그것이 동물의 생리에 맞지 않으면 기능장애를 일으키는 원인이 되기도 하기 때문이다.

평균체중 110킬로로 소보다 작은 돼지의 도축작업은 모든 것이 신속하게 진행된다.

계류장에서 몇 마리씩 도축장으로 끌려온 돼지들은, 전기 쇼크를 가하는 전격기를 머리에 맞고 풀썩 풀썩 연이어 정신을 잃고 쓰러진다. 그 옆에서 칼로 경동맥을 자르고, 곧장 거꾸로 매단다. 처음에는 다리를 버둥거리던 돼지들도 1분 정도 지나면 미동도 하지 않게 된다.

해체장으로 옮겨진 돼지들은 깨끗하게 씻겨진 후 하늘을 향해 네 다리를 벌리고 눕혀진다. 배에 줄줄이 돌기된 작은 젖꼭지들을 보고 "암컷인가요?"라고 물었더니, "암수 상관없어요"라는 짧은 대답이 돌아온다.

고기를 부드럽게 하기 위해 수컷은 태어난 지 1주일 만에 거세당하는데다, 암컷도 거세 돼지도 어른이 다 되기도 전인 생후 6개월 정도가 되면 출하되어 오기 때문이다. 그 이상 되면 먹는 양에 비해 살찌는 것이 더뎌지기 때문이다.

이 도축장에서는 하루 평균 60마리의 소와 250마리의 돼지를 처리하고 있다. 연간 도축 수는 소가 16,000마리, 돼지는 6만 마리. 하지만 이것도 일본 전체로 보면 미미한 수에 불과하다.

국내에서 도축되는 소는 연간 140만 마리, 돼지는 1,700만 마리. 뿐만 아니라 돼지고기는 국산의 60퍼센트가 수입되고 있고, 소고기의 수입량은 국산의 2배에 이른다. 즉 일본인에게 먹히기 위해 '목숨'을 제공하는 소는 연간 400만 마리, 돼지는 2,700만 마리나 된다는 얘기다.

숨겨진 풍경

여기에 수입분까지 포함한 10억 마리의 닭과 방대한 수의 어패류 등을 더하면, 우리의 '생명'이 무수한 '죽음'에 의해 유지되고 있다는 것이 명확해진다. 그리고 총격장으로 끌려갈 때의 소의 눈이나 도축장에서 도망 다니는 돼지나 갈고리에 매달릴 때의 닭의 몸부림은, 우리가 희생양으로 삼고 있는 그 생명이 동물들에게는 둘도 없는 더없이 소중한 생명이라는 사실을 가르쳐준다.

살기 위해 직접 자신의 손으로 동물의 목숨을 죽이던 시대, 인간은 그것을 알고 있었기 때문에 지금보다는 훨씬 진지한 태도로 다른 생명을 대했다. 희생양으로 삼은 동물의 터럭 하나까지도 유용하게 이용하는 형태로.

그것은 생명의 모체인 자연에게 아주 친절한 삶의 방식이었다.

도축장에서 인간을 위해 목숨을 바친 가축도, 불과 얼마 전까지만 해도 버려지는 것 없이 모든 부위가 활용되었다. 복강 내나 가죽에 붙은 지방은 비누의 재료로, 돼지털은 솔로, 뼈는 비료로. 그것은 생명을 빼앗은 현장에서 그들 생명의 소중함을 통감한 사람들이 키워온 문화였다.

하지만 시장의 윤리는 그것을 한낱 옛날이야기로 만들고 있다.

"한 장에 15,000엔 하던 소가죽이 합성가죽에 밀려 지금은 3,000엔 전후. 돼지가죽도 500엔 정도 했던 것이 150엔이 되더니, 2000년부터는 아예 0엔입니다. 저 지방도 팜유의 등장으로 싸디 싸져서, 지금은 산업폐기물이나 마찬가집니다. 자원이 갈수록 쓰레기가 되어가고 있어요."

　　폐기용 박스에 든 지방을 가리키며 전무는 안타까움을 감추지 못하고 이렇게 말했다.

4
위선적인 살생금지

취재해서 신문에 연재하고 싶다는 나의 제안에 대해 도축·해체 현장에서 일하는 사람들은 강한 난색을 표했다. 연이어 취재를 거절당한 것이다.

생각해보면 그것은 어쩌면 당연한 일이다.

'죽음'을 꺼려하는 세상에 살면서 소돼지 같은 가축을 도축하는 일은 지독한 차별을 당해왔다. 안 그래도 세상에는 자신들에 대한 심한 편견이 있는데, 그 '죽음' 자체에 초점을 맞춰 현장을 취재하겠다니 도저히 납득하기 어려울 일이다. 1부에서 다뤘던 불필요해진 애완동물의 처분과 달리, 도축장에서 만들어진 고기라는 제품은 소비자들에게 팔려서 그들의 식탁에 올려져야 하는 것이다. 그러니 당연히 거절할 수밖에.

그럼에도 불구하고 나에게 현장취재를 허락해준 곳이 앞에서 소개한 식육처리장이었다. 취재를 당하는 쪽에는 어떤 이득도 없는데, 과감하게 내 의뢰를 받아준 것이다.

그 회사 전무의 안내를 받아 현장으로 향할 때, 직원이 이런 말을 하더라는 이야기를 전해 들었다.

"펜으로 기사를 쓰는 신문기자나 도축업이나 일이긴 마찬가지 아닌가? 그런데 우리 일을 특별나게 생각해서 일부러 신문에 싣겠다는 것 자체가 차별 아니냐?"라고.

그 말이 옳다고 말하지 않을 수 없다. 사람을 취재하고 그 내용을 활자로 해서 대중에게 발표하는 작업은 그대로 "그럼 넌 어떻게 사는 인간이냐?"라는 질문의 화살을 자기 자신을 향해 쏘는 일이기도 하다. 그 화살에 관통당한 자신의 일그러지고 무참한 모습과 대면하는 것은 정말 괴로운 일이다.

하지만 '죽음'이 표면화됨으로써 마음의 평안이 깨지지 않도록, 나를 포함한 세상이 그것을 감추려고만 하는 한 이 직업에 대한 편견은 결코 사라지지 않을 것이다.

그것을 극복하기 위해서는 우리가 고개를 돌려 외면하고 있는 죽음을 정면으로 응시하고, 그들 죽음이 있기에 비로소 우리의 삶이 유지되고 있다는 사실을 인식하는 것이 절실하게 필요하다.

그러므로 나 자신, 동물의 희생과 그 노동을 피부로 느끼고 싶었고 독자 또한 그것을 실감하기를 바랐다.

돌이켜보면 일본인은 일관적으로 그것을 외면해왔던 역사를 가지고 있다.

살생계를 중시하는 불교가 일본에 침투한 이래, 메이지시대가 되어 서양문명을 수용하기까지 일본에서는 줄곧 육식을 기피해왔다고 일반적으로 알려져 왔다.

분명 675년의 육식금기령 이래, 고대부터 근세에 이르기까지 국가의 법령상으로는 살생이나 육식의 금지가 종종 발표되긴 했다. 하지만 실제로 백성들이 살생계나 육식금지를 지켰다면 서민의 생활과 사회는 성립되지 못했을 것이다.

헤이죠쿄나 헤이안쿄의 운하 주변에서 소, 말, 개, 사슴, 멧돼지 등의 뼈가 대량으로 출토된 점으로 미루어보아, 국가 자체가 도축과 해체와 피혁제조를 주재해왔음을 추정할 수 있다. 중세의 도시유적에서도 마찬가지로 동물의 뼈가 대량으로 출토되고 있는데, 그 대부분이 식용으로 사용되었다고 한다.

중세 말에 일본에서 포교활동을 한 그리스도회의 루이스 프로이스는 『일본과 서구의 문화비교』에서 "승려들은 겉으로는 고기도 생선도 안 먹는다고 공언한다. 하지만 대부분의 승려들이 몰래 먹고 있다"고 기술하고 있다.

가장 육식의 금기가 철저하게 지켜졌다고 하는 에도시대에조차 쇠고기며 개고기가 약용이라는 명목으로 사람들 입 속으로 들어갔고, 현재의 사가 현에 있는 히코네 번(藩, 에도시대 다이묘가 지배하던 영역 및 통치기구를 일컫는다. 히코네 번은 사가 현 비와호수 동쪽에 위치한 곳으로 히코네 성이 유명하다 - 옮긴이)에서는 번 자체가 소의 도축해체업을 운영했다고 한다. 게다가 그곳에서 생산되는 대량의 히코네 소는 장군이나 다이묘에게 바치는 공물로써 귀하게 다뤄졌다고 한다. 결국 살생금지도 육식기피도 표면적인 위선에 지나지 않았던 것이다.

그렇다면 왜 그런 표면적인 위선이 사회에 유포되어 사람들의 행동과 의식을 규제할 수 있었던 것일까? 그 속사정을 '쌀'을 키워드로 하여 해석한 것이 일본역사가인 하라다 노부오의 『역사 속의 쌀과 고기』이다.

무논경작에는 소와 말의 힘이 절대적으로 필요했기 때문에, 그 고기를 먹는 것을 기피하는 것이 벼의 재배와 쌀 생산으로 직결된다는 신앙이 고대의 일본에는 있었다. 벼농사를 국가경영의 기초로 삼았던 권력자는 소와 말을 보호하여 무논경작을 장려하기 위해 그 신앙을 불교의 살생계나 그 영향을 받은 신도(神道)의 '부정(不淨)' 개념과 연관시켜 사회에 강요하였고, 그로 인해 살생과 육식은 악이라는 의식이 싹텄다.

일본은 그 후 경제력을 쌀의 수확량으로 표현할 정도로 쌀 중심의 사회가 되었고, 무논경작이 철저하게 장려된 덕분에 육식의 금기는 점점 강화되었다.

그와 더불어 동물, 특히 농경에 도움이 되는 소나 말의 죽음과 관련된 일에 종사하는 사람에 대한 천시도 강해졌다. 뒤에서는 '약용'이라는 명목으로 고기를 먹으면서도 겉으로는 먹지 않는 척 위선을 떨면서, 소와 말의 죽음과 관련된 일을 하거나 그 고기를 먹는 사람들을 부정한 사람이라고 차별하는 사회구조가 생겨난 것이다.

동물과 사람의 관계를 중심으로 연구하고 있는 고고학자인 마츠이 아키라는 살생과 육식의 기피라는 위선적인 강령을 내걸어놓고, 실제로는 이러저러한 이유를 들어 육식을 향수해온 이 정신상의 나쁜 여파가 일본인의 동물관에 깊은 영향을 미치고 있다고 지적하고 있다.

양돈장을 안내받고 돌아가는 길, 후쿠오카 현 농업협동조합연합회 축산과의 니시다 노부유키(46세)가 얼핏 이런 이야기를 했다.

"새끼돼지를 안고 있는 생산자의 사진패널을 매장 판매대에 걸어놓으면, 소비자들로부터 불쌍해서 못 먹겠다는 항의가 들어와요. 그래서 그런 사진은 함부로 못 겁니다."

일본인이 공공연하게 고기를 먹기 시작한지도 오래다.

그럼에도 불구하고 우리는 고기를 만드는 과정에서 피할 수 없는 동물의 죽음을 애써 외면하려 하고 있다.

그것은 '약용'이라는 이름으로 자신을 속이던 시절과 전혀 다를 게 없다.

5
중노동과 편견을 참아내며

"나도 통조림공장인 줄 알고 들어왔어. 처음에는 정말 미치겠더군. 메(나무로 된 말뚝 박는 도구)나 쇠망치로 이마를 때려서 소돼지를 잡아야 했으니까. 머잖아 통조림 공장이 될 거라고 했지만, 아무리 기다려도 그렇게 되지 않았어. 그런 거짓말이라도 하지 않으면 일할 사람이 없었던 거겠지, 하하하."

후지모토 타케스게(65세)와의 취재는 호쾌한 웃음소리로 시작되었다. 기분을 상하게 하면 어떡하나 하는 긴장감을 안고 질문을 던진 나는, 그의 웃음소리 덕분에 마음이 다 편안해졌다.

후지모도는 1935년 후쿠오카 현의 피차별 부락에서 12형제 중 11번째로 태어났다. 가난한데다 형들이 군대로 끌려가버린 탓에 학교에는 다니지도 못하고 하루 종일 집안 농사일을 도와야했다.

"어려서부터 고생을 많이 했지. 어렵사리 중학교는 졸업했지만, 공부를 제대로 했어야 말이지. 바쿠로의 소개로 취직을 했어. 동물의 목숨을 죽이게 될 줄은 꿈에도 생각해본 적이 없었으니까, 정말 미치겠더구만."

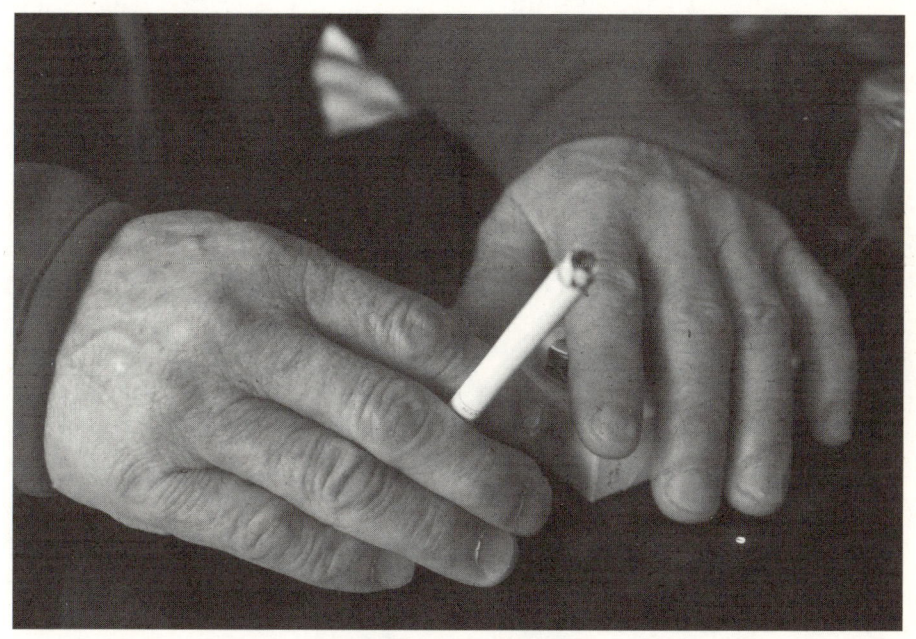

글러브처럼 투박한 후지모토의 손

그 당시에는 망치로 쳐서 도축했을 뿐만 아니라 그 후의 처리도 모두 수작업이었다.

"석탄보일러로 끓인 물을 반으로 쪼갠 드럼통에 붓고, 그 안에 피를 뽑아낸 돼지를 넣어서 털을 뽑는 거야. 그러고 나서 내장을 꺼내고 한 마리씩 짊어지고 냉장고까지 운반했지. 그러니 온몸이 피범벅이 되고, 내 몸도 멍투성이야. 소야 워낙 크니까 짐차로 옮겼지만 말이야. 피와 내장을 뺀 돼지라도 무게가 70킬로는 족히 나가지. 그걸 혼자 짊어지고 30미터나 되는 거리를 운반해야 하니 얼마나 힘든 일이었겠소? 덕분에 무릎이 영 못쓰게 됐어."

그렇게 만들어진 고기는 일본인의 귀중한 단백원이자 에너지원이 되었고, 전후 부흥과 고도성장의 버팀목이 되었다.

하지만 그 고기를 만들던 사람들에게 세상은 무서운 모욕의 말들을 퍼부었다.

"비 오는 날 퇴근길에 걸어가면 사람들이 수군거려요. 그래서 싸움도 참 많이 했네. 몸은 작아도 일로 단련된 몸이라 3대 1로 싸워도 져본 적이 없어. 덕분에 경찰서에서 잠도 많이 잤네. 거기 들어가면 보리밥도 나오고, 된장국도 나오고, 다시마도 나오고. 참 잘도 얻어먹었지. 들어가기 무섭게 코 드렁드렁 골면서 자는 거야, 몸이 천근만근이었으니까. 아침이면 데리러 올 거라 믿고. 종업원이 대여섯 명밖에 없으니, 내가 없으면 일이 안 되거든."

직장에는 몸에 묻은 피를 씻어낼 샤워실조차 없었기 때문에, 돼지털을 뽑던 물통을 씻어서 거기에 새로 물을 붓고 다 같이 들어가 씻었다고 한다.

개인에서 회사로 경영이 인계된 후에도 작업환경은 전혀 개선되지 않았고, 직원휴게실과 식당이 생긴 것은 1976년 이후의 일이라고. 그때까지는 작업장의 냉동기 옆이나 소돼지 우리 옆에서 옷을 갈아입고 도시락을 먹고 했단다.

"그 전년도에 새로 취임한 사장이 현장을 보러 와서는 이것은 아니다, 돈은 없어도 우선 직원휴게실부터 만들자고 하더군. 그때까지는 아무도 현장을 보러 안 왔어요, 오기 싫었던 게지. 아예 관심조차 없었으니까. 휴게실을 만들어준 그 사장은 (도축장이 있는) 마을 사람들하고 친하게 지내라고도 하셨지. 그때부터 1년에 한번은 지역인사들과 간담회도 갖게 되었지."

휴게실이 생긴 그 해, 후지모토는 계장으로 임명되었다. 그때의 임명장을 그는 지금도 액자에 넣어 집에 걸어두고 있다. 현장 출신인 자신이 마지막에 상무이사까지 오를 수 있었던 것도 그 사장 덕분이라고 후지모토 는 생각하고 있다.

"격의 없이 사람을 아껴주는 그릇이 큰 사람이었지요. 그 뒤로 직장은 나날이 좋아졌어요."

하지만 동물을 도축하는 것에 대한 세상의 차별과 편견은 좋아지지 않았다. 특히 고도성장기 이후에는 일손 확보가 극도로 어려워졌고, 자연히 아는 사람에게 취직을 권유해야만 했다.

"종업원 수를 채우느라 고생이 많았죠. 그대로 두면 일할 사람이 없어지니까. 나도 한 열 명 가까이 취직시켰을 거요, 아마. 그만큼 또 즐거운 직장을 만들려고 애썼고. 다들 이쁘고 기특했어요, 한 사람 한 사람. 다들 사이도 좋아서, 너나 할 것 없이 친구같이 지냈지. 일할 때는 무섭게 화를 내다가도, 일이 끝나면 언제 그랬냐 싶게 웃고 떠들었지."

후지모토는 조합이 없던 직장에 노동조합을 만들고, 전국일반노조에 가맹도 시켰다. 그의 자랑은 모든 종업원이 매일 일하러 오는 것이 즐겁다고 생각할 수 있는 직장을 만들었다는 것이다. 상무이사가 된 후에도 그 자세를 버리지 않았다.

"한 사람 한 사람이 어떤 사람인지 알고 있었으니까. 관리직 사람이 뭐라고 불평을 하면, 나는 불같이 화를 냈어요. 불평을 말하기 전에 모든 각도에서 그 사람을 봐라, 분명 좋은 점이 있을 것이다. 잘 알아보지도 않고 불평부터 하느냐? 고 말입니다. 경영이 이러쿵저러쿵 하고, 어떻게 하면 일하게 만들까 그런 생각뿐이야. 일도 힘들어 죽겠는데, 상사까지 불평을 늘어놓으면 종업원은 어디 살겠는가, 안 그러오?"

그런 인격 때문일 것이다. 98년에 퇴직한 뒤에도 종업원과 그 가족들은 이런저런 상담할 일이 있으면 그를 찾는다.

"얼마 전에도 내성적이고 말이 없는 남자직원의 안사람이 찾아와서, 남편이 고민을 많이 한다면서 걱정을 합디다. 조금만 참아라, 머잖아 정년 아니냐, 조금만 참으면 된다고 격려해주라고 했지만. 엊그제 회사에 물었더니, 요즘에 회사엘 안 나오고 있다더군요."

쾌활하던 후지모토의 목소리가 그때 처음으로 작아졌다.

6
도축장, 너무 힘들다

소돼지를 도축하는 현장의 제1선에서부터 잔다리밟고 올라온 사람으로, 진짜 가족처럼 직원들을 보살펴온 후지모토 타케스게(65세)는 직원의 결혼식 주례를 부탁받는 일도 많다. 그때마다 이 일에 대한 세상의 인식이 옛날과 전혀 달라지지 않았다는 것을 실감한다.

"처음부터 솔직하게 털어놓지 못하는 거겠죠. 결혼을 하려고 하면 그리 돼요. 직업을 물으면? 식육처리장에 다닌다고 말 못하지. 그럼 무슨 나쁜 일이라도 하고 있는 것처럼 보니까. 모두를 위해 열심히 일해서 고기를 만들고 있는데도 말입니다. 감사까지는 바라지도 않아요, 다만 이상한 눈으로 볼 것까진 없잖아요?"

주택가 가까이 있는 도축장의 대부분은 지역주민의 반대 압력으로 애를 먹고 있다. 또 새로 도축장을 만들려고 하면 어김없이 반대운동이 일어난다. 오수나 악취방지 등 환경대책은 크게 발전했고 위생면에서도 엄격한 대책을 마련해두고 있는데도 말이다.

거기에는 목적 같은 것은 일절 상관하지 않고, 동물의 목숨을 죽이는 행위를 '악'이고 '부정한 행동'이라고 생각하는 일본인에게 만연해 있는 편견이 배경에 깔려있기 때문이 아닐까?

신문에 실린 이 연재를 읽은 구마모토 현의 한 독자가 보내온 책자에는 도축장 병설계획을 가진 말고기처리장을 견학하고 온 해방어린이회의 아이들이, 처리장 주변에 나붙은 '도축장건설 절대반대'라는 펼침막을 보고 마음의 상처를 입고 분개하는 모습이 실려 있었다.

후지모토가 근무하던 직장은 법적허용기준인 20~30분의 1 수준까지 부지 내 오수처리시설에서 배수를 정화시켜 공공하수도로 흘려보내고 있다. 악취도 문제시 되는 일이 거의 없어졌다. 그래도 돼지를 반입할 때의 울음소리 때문에 "저 소리를 들으면 노이로제가 걸릴 것 같다"는 불평신고가 간혹 들어온다고 한다.

옮겨가기를 요구하는 움직임도 종종 표면화된다.

"어쨌든 돼지를 내릴 때도 울음소리가 새나가지 않게 방음벽을 세워야겠지. 까마귀가 끌어서 시끄럽다고 하면 까마귀 퇴치. 비둘기가 성가시다고 하면 비둘기 퇴치. 나무에 송충이가 있다고 전화가 걸려오면 즉시 소독. 가을이 되면 낙엽이 떨어지기 무섭게 쓸어내야지. 네, 네, 네. 보통 힘든 게 아니에요, 정말 너무 힘들어. 고지식하고 마음 여린 사람 같으면 이쪽이 노이로제에 걸리고 말 거요. 옛날부터 살던 사람은 별 말 안 하는데, 새로 이사 온 사람들이 꼭 그렇다니까."

주택지가 됐으니 어쩔 수 없는 일이지만, 주민들하고 어떻게 지내느냐? 그것이 차후의 과제라 할 수 있겠죠."

도축해체료는 각 도·도·부·현 지사의 인가사항인데, 농수성에 따르면 대충 소가 한 마리 당 6,000엔 정도, 돼지가 2,000엔 정도로 설정되어 있다고 한다. 저렴한 수입고기와의 경쟁으로 고기가격은 여의치 않고, 소돼지를 키우고 있는 생산자도 사정이 어렵기는 매한가지라 좀처럼 올릴 수가 없다고 한다. 후쿠오카 현의 경우 7년 전, 8년 만에 올린 이후로 변동 없이 그 가격 그대로다.

한편 도축장을 운영하는 측은 O157사건으로 인한 위생관리강화와 환경보존대책 등으로 대대적인 설비투자를 해야 했고, 물의 사용료나 배수처리비도 올랐다. 그것이 경영을 압박하고 있는데다 주민의 반대압력까지 더해져 도축장의 수는 감소일로다. 1960년도에는 전국에 걸쳐 875개소가 있었는데, 99년도에는 282개소로 감소했다.

후지모토는 말한다.

"와규(和牛, 일본재래품종의 소 - 옮긴이)는 보통 한 마리에 60만 엔 정도 하는데, 도축해체료는 기껏해야 그 1퍼센트밖에 안 해요. 소비세니 뭐니 해서 세금을 5퍼센트나 떼 가니, 우리는 피범벅이 되도록 일하면서도 쥐꼬리만큼밖에 못 받아요. 가격인상은 생산자들이 안 된다고 난리니, 정말이지 이대로는 유지하기 힘들어요. 적어도 도축해체료로 경영이 유지될 수

숨겨진 풍경

축혼비로 가는 돌길 옆으로, 밝혀진 등불처럼 만개해있는 석산화.

있는 가격까지는 올려줘야지, 다들 죽을 맛일 거요. 박봉으로 일하면서 보너스도 퇴직금도 받을지 어떨지 확실하지 않은 상황이라."

후지모토는 현역일 때부터 줄곧, 매일 아침 집 부엌에 마련해둔 신전에 두 손 모아 기도하는 것을 일과로 삼아왔다. 3년 전 퇴직한 이후에도 그것은 변함이 없다.

"가축들은 인간의 단백원이 되기 위해 그 귀한 목숨을 내주었으니까. 그것을 키운 사람도 365일 먹이를 주고 똥을 치우고 정성을 다해 키우지. 그러니까 우리는 그것을 질 좋은 고기로 만들어줘야 한다, 그런 마음으로 일해요. 일할 때는 매일 기도했어요, 가축들이 편히 쉴 수 있게 해달라고. 지금은 종업원들이 하루하루를 즐겁게 지낼 수 있게 해달라고 기도합니다. 그러니 어찌 하룬들 빼놓을 수 있겠습니까?"

후지모토가 일하던 도축장에는 벚나무들 사이로 큼지막한 축혼비(畜魂碑)가 세워져 있다. 그 축혼비의 돌은 후지모토와 직원들이 오이타 현 다케다 시까지 가서 사온 것이다.

축혼비로 가는 돌길 양옆으로는 매년 가을이 되면 석산화가 만개하여 마치 빨간 등불을 켜놓은 듯하다. 그 석산화도 후지모토가 후배와 함께 들에서 구근을 캐와 심은 것이라고 한다.

"난 고기를 구워먹을 때면 상당히 까다롭다우. 제 손으로 한 조각 굽고, 그걸 먹은 다음에 다른 고기를 구우라고 말이야. 한꺼번에 몽땅 석쇠에 올려놓고 구우려고 하면, 내가 절대 용서 안 하거든, 허허. 한꺼번에 올리면 너무 타서 못 먹게 되는 것이 꼭 나오게 마련이거든. 고기는 하나씩, 자기 먹을 것은 자기가 구워먹어라. 다들 귀찮다고 하겠지만, 난들 어쩌겠나, 말 않고는 못 배기겠는걸, 허허허!"

7
여성 수의사들의 도전

불교의 '살생계'나 신도(神道)의 '부정(不淨)개념'에 근거한 오래된 배제와 은폐의 역사로 배양되어온 동물의 목숨을 빼앗는 행위에 대한 일본인의 심적인 저항은, '고기'를 먹는다는 것에 아무런 고통도 거리낌도 느끼지 못하게 된 지금까지도 뿌리 깊게 남아있다. 고기가 어떻게 해서 만들어지는지 그 상세한 내막까지는 모르더라도, 동물의 '죽음'이 있고서야 비로소 고기가 생겨난다는 것은 모두 알고 있는데도 말이다.

사람들은 매일같이 동물의 고기를 먹으면서 '동물을 죽이는 것은 잔혹한 행위'라고 생각하고, 그 일에 종사하고 있는 사람들을 혐오의 눈길로 바라본다. 그런 만화 같은 일들이 지금도 비젓이 벌이지고 있다. 그러한 경향은 '동물애호'를 자인하는 사람들이 특히 강하다. 고기를 먹는 사람이 가축을 기르거나 도축해서 고기를 만드는 사람에게서 완전히 분리되어 있어, 그런 일련의 행동들을 보지 않아도 되고 생명을 빼앗음으로 인해 느끼게 되는 마음의 고통을 느끼지 않아도 되는 사회구조가 그 희화(戲畵)화된 구조를 뒷받침해주고 있다.

무슨 말인지는 알겠지만 도저히 감정적인 거부감은 씻을 수가 없다고 자기변명을 하는 사람도 있다. 하지만 그것도 현실을 기피하고자 하는 구실에 불과하다.

사실은 독실한 '동물애호가'라도 그 현실을 받아들일 수는 있다. 그것을 몸소 보여주고 있는 사람들이 실제로 존재한다.

도축처리장에도, 그리고 제1부 「애완동물의 행방」에서 소개한 유기견의 포획과 불필요해진 개고양이를 처분하는 현장에도 반드시 수의사의 모습이 있었다. 그리고 그런 장소에서 일하는 수의사 중 여성이 차지하는 비율이 해마다 증가하고 있다는 사실.

후쿠오카 현에서는 현재 전체의 25퍼센트가 여성으로, 장래에는 수적으로 남성을 웃돌게 될지도 모른다고 한다. 그녀들 대부분은 동물이 좋아서, 동물을 위해 뜻있는 일을 하고 싶어서 수의사를 지망한 사람들이다.

후쿠오카 현 식육위생검사소의 도축검사원인 우메자키 미도리(43세)도 그런 사람 중 한 사람이었다.

"진로결정을 해야 하는 18살 무렵은 사춘기잖아요? 사람이 싫었어요. 동물은 좋아했으니까, 동물을 위해 무얼 할 수 있을까 해서 수의학과에 진학했어요. 면허를 따면 직장을 구하기도 좋을 것 같고 해서. 그런데 입학식 날 교수님이 그러시더군요. 동물이 좋아서 수의사가 되겠다고 결심했다면 그건 큰 오산이다, 라고. 아하하하."

그 말의 의미는 머잖아 몸으로 깨닫게 되었다.

제2부 고기를 만들다

"실험한다고 얼마나 많은 동물을 죽였는지 몰라요. 해부도 하고. 해부하려면 피를 뽑아내고 죽여야 하니까."

다른 여성수의사의 말에 따르면, 마취를 해서 인위적으로 골절시킨 개를 가지고 골절치료 실습을 하기도 한다고. '불쌍하다' '도저히 못하겠다'고 꽁무니만 빼고 있다간 한 발짝도 앞으로 나아갈 수 없다.

"수의학은 인간을 위한 학문이라는 것을 뼈저리게 배웠습니다. 하지만 그것이 싫다고 그만둔 학생은 없었어요."

수의학을 전공한 학생 중, 특히 여학생 중에는 애완동물을 대상으로 하는 개업지망자가 많지만, 동물병원의 난립으로 이미 시장은 포화상태. 결국 자격을 살려 일할 수 있는 직장은 한정되어 있다.

우메자키는 대학 졸업 후, 도쿄의 제약회사에 취직해 약의 독성실험을 담당했었다. 하지만 남녀차별이 확연하고 여자의 몸으로 오래 근무할 직장은 아니라고 판단하고, 후쿠오카 현의 채용시험을 봐서 직장을 옮겼다고 한다.

처음에 배치된 곳이 지금 몸담고 있는 식육위생검사소였다. 그리고 수백 마리의 소돼지나 말의 '죽음'과 직면해야 하는 나날이 시작되었다.

"동물들도 역시 두렵고 겁먹은 표정을 짓고 있는데, 어떻게 좋아할 수 있겠어요. 학생 때도 죽이기는 했지만, 취직해서 죽여야 했던 동물의 수가 압도적으로 많아요. 하지만 어쩔 수 없잖아요? 우린 수의사니까. 공중위생 분야는 다 그렇잖아요? 개도 그렇고, 도축검사도 그렇고."

그런 그녀들을 지탱해주는 것은 '사람들을 위해 보다 위생적인 고기를 만든다'는 직업인으로서의 자부심이다.

O157사건 이후 도축장법의 시행규칙이 개정되어, 상당히 높은 수준의 위생관리가 요구되게 되었다. 그에 대응하기 위해 도축장 종업원의 위생지식의 향상과 환경개선의 선두에 서게 된 것이 도축검사원이다.

"지금의 시행규칙에서는 식품위생법이 음식점에 부과하고 있는 것 이상의 위생관리를 요구하고 있어요. 법률로는 빠짐없이 소독하라고 하지만, 음식점이 일일이 식기를 소독하고 있다고는 장담할 수 없잖아요. 하지만 도축장에서는 반드시 규칙을 지키게끔 하고 있어요. 위생수준을 높이는 것이 쉽지는 않았지만, 다들 적극 협력해줬어요. 그래서 참 가치 있는 일이었다고 생각해요."

우메자키에게는 직장에서 만나 결혼한 남편과의 사이에 4명의 아이가 있다.

"초등학교 5학년짜리 딸도 그런 말을 해요. 불쌍하다고. 너희들도 고기를 먹으니까 어쩔 수 없는 일이라고 말해주지만, 내 말을 이해하기는 하는지. 그 아이들에게는 자신들이 먹고 있는 고기와 그것을 만들기 위한 노동의 연관성을 이해하는 게 쉽진 않겠죠?"

공중위생에 종사하고 있는 수의사를 부모로 둔 아이도 그러한데, 다른 아이들의 인식은 오죽할까 추측하고도 남는다.

그러니 우리에게 먹히기 위해 희생된 동물과 고기를 만들고 있는 사람들의 노동에 대한 감사의 마음 따위 생길 리도 없고, 편견이 사라질 리도 없다.

"이미지를 바꾸기 위해서라도 빨리 선전을 해야죠. 나는 식육처리장이 아주 깨끗해졌어요! 라고 큰소리로 말하고 싶어요. 다들 자부심을 가지고 일하고 있는 걸요!"

8
멀어져가는 생산자와 소비자

농경에 없어서는 안 될 소와 말을 도축하고 해체하는 것에 대해 일본에는 옛날부터 강한 편견이 있었고, 그 과정은 교묘하게 숨겨져 왔다. 그 때문에 그것이 일반인들 눈에 띄는 일은 거의 없었지만, 멧돼지나 사슴 같은 사냥짐승과 새, 특히 달걀을 얻기 위해 마당에서 키웠던 닭에 대해서는 불과 30년 전까지만 해도 그 생명을 죽이고 해체해서 먹는 것은 아주 당연한 일처럼 행해졌었다.

그런데 지금은 그것조차 우리들 눈에 띄는 일이 없어졌다. 그리고 동물의 생명을 죽여 고기를 만드는 사람과 그 고기를 먹는 사람과의 거리는 관념적으로도 생리적으로도 해가 거듭될수록 멀어지고 있다.

일본의 닭고기 최대생산지인 미나미큐슈와 토호쿠에서만 국내 절반 이상을 생산해내고 있다. 이 지역에서의 생산이 급성장한 것은 1970년대 후반부터다. 저렴한 땅값과 노동력에 착안한 전국농민조합과 상사가 사료기지와 닭처리장을 함께 만들고, 양계장을 육성하고 조직화하여 대량생산태세를 갖추도록 한 것이다. 사료조달에서 도축해체까지를 일관적으로 대규모화로 실현시킨 두 지역의 저가격공세와, 도시화에 따른 주민들의 축산업반대압력 등으로 그때까지의 주요산지였던 대도시권 근교의 생산은 격감했다.

한편 80년대 후반부터는 홋카이도에서 도축한 닭의 수가 급증하면서, 닭고기 생산은 열도의 남쪽 끝과 북쪽 끝으로 점점 밀려나게 되었다. 그리고 그 흐름은 국경도 넘기 시작했다.

쇠고기, 돼지고기에 비해 자급우등생이었던 닭고기는 85년까지 90퍼센트 이상이 국내에서 생산되었다. 하지만 그 뒤 자급률은 해마다 떨어졌고, 95년에는 급기야 70퍼센트를 밑돌게 되었다.

최대수입국인 중국의 신선한 냉장고기 수입은 맹렬한 기세로 늘어나고 있고, 압도적으로 싼 임금으로 양산되는 중국산 닭고기에 등 떠밀려 국산품의 가격도 자동 낙하. 그것이 안 그래도 후계지가 없어 어려움을 겪고 있는 양계장의 폐업을 부추기고, 닭고기 생산의 원격지화를 가속화시키고 있다.

물론 도시근교의 닭고기생산도 여러 가지 생존대책을 강구해오긴 했다.

그 중 하나가 '아침도축'이다. 닭고기는 도축한 지 10시간 정도 지났을 때가 가장 맛이 좋다고 한다. 그 가장 맛있는 고기를 저녁시간에 맞춰 가정에 제공하기 위해 이른 아침에 도축하고 해체해서 출하하여, 싼 가격의 수입산에 대항하자는 것이다. 일본계 3세의 페루인인 호루에 미우라와 그 동료들이 새벽 5시부터 작업을 했던 것은 바로 그 때문이다.

또 다른 대항책은 통상의 구이용으로 사육되는 브로일러보다 일본인의 기호에 맞는 명품닭을 도입하는 것이다.

호루에가 도축했던 닭의 40퍼센트가 브로일러에 적색 토종닭의 4분의 1을 접목시켜 개량한 '하카타 최고의 닭'이라는 명품닭이었다. 이 닭은 유전자변형곡물을 사용하지 않은 사료에 야메차(八女茶, 후쿠오카 현 야메 시 부근에서 생산되는 일본차의 브랜드 - 옮긴이)를 섞은 먹이로 키우기 때문에, 지방이 적고 생후 53일에서 58일 정도에 고기로 만드는 브로일러보다 사육기간이 10일 정도 더 걸린다. 그만큼 가격이 비싸지지만, 가격경쟁에서 이길 수 없는 이상 맛과 안전성으로 승부할 수밖에 달리 방법이 없다.

브로일러 양계를 35년 동안 계속해온 후쿠오카 현 오오무타 시의 나카시마 노리히코(65세)도 99년 12월부터 이 '하타카 최고의 닭'의 사육으로 전환했다.

"이대로 수입이 증가한다면 10년 후에는 양계장 하는 사람이 일본에 하나도 없게 될 거요. 안전하고 맛있는 닭을 키우자고 애쓰고 있으니까, 내 나라 내 고향의 고기를 먹어줬으면 하는 바람이외다."

그렇게 말한 나카시마에게 병아리를 공급해주고 있는 것은 후쿠오카, 사가, 구마모토 3현에 4개의 종계장(種鷄場)을 가

한달에 30만 마리의 병아리가 태어나는 쿠루메종계장의 부화장(위)
나카시마 노리히코의 양계장에서 사육되는 하카타 최고의 닭(아래)

지고 있는 '쿠루메종계장'이다. 그곳에서 태어난 달걀들은 사가 현 기야마쵸에 있는 부화장(孵化場)에서 부화되어, 한달에 약 30만 마리의 병아리들이 양계농가로 보내지고 있다.

그 닭고기생산의 제일 상위에 위치한 종계장도 처해 있는 상황이 해마다 어려워지고 있다.

"닭똥은 비료로 팔고 있는데, 농업이 제 자리를 잘 지키고 있다면 그나마 팔릴 겁니다. 그런데 채소도 수입에 의존하는 비율이 높아지면서 생산량이 갈수록 떨어지고 있어요. 그러니 어디 팔리겠어요? 거기다 새로 이사 온 사람들이 수탉의 울음소리가 시끄럽다고 불평들이 많아요. 심지어는 안 우는 닭을 만들어내라는 사람도 있을 정도니, 원."

사장인 코가 미츠유키(54세)는 그렇게 말하고 깊은 한숨을 쉬었다.

일본에서는 최근 들어 식육소비 중 소비자가 '고기'의 형태로 구입해서 요리에 사용하는 '가계소비'의 비율이 해마다 하락하고, 대신 외식산업과 인스턴트식품용인 '업무용·가공용 소비'가 급증하는 현상도 일어나고 있다. 소비량 전체를 점유하는 가계소비의 비율은 현재 소 돼지 모두 40퍼센트에 지나지 않고, 닭의 경우는 30퍼센트밖에 안 된다. 요즘 일본인은 집에서 요리해먹는 고기보다, 외식하거나 냉동식품 및 패키지식품 등을 사먹는 경우가 많다고 한다.

가축을 기르고 도축해서 고기로 만드는 과정이 원격지화 되었을 뿐만 아니라 그 고기를 요리하는 것조차 집 밖의 일이 되어가고 있다. 이렇게 우리가 동물들의 '생명'을 받아 살아가고 있는 현실이 마침내 우리의 시야에서 완전히 벗어나려 하고 있다.

며칠 전 생협에서 우리 집으로 배달되어온 닭의 포장지에 '하카타 최고의 닭'이라는 글자가 새겨져 있었다. 코가의 종계장에서 태어나 부화장에서 부화된 병아리를 나카시마가 기르고, 또 호루에가 이른 새벽부터 도축해서 고기로 만들어준 그 닭고기다. 그것이 돌고 돌아 나의 삶을 살찌게 해주고 있다. 생명의 흐름이 하나의 선이 되어 나에게로 이어지고 있다는 생각이 들었다.

보다 저렴한 것을 보다 많이, 싫은 것은 더 멀리 보이지 않는 곳으로.

그 끝에 우리가 구축한 것은, 어떤 고통도 위로의 감정도 느끼지 않고 내키는 대로 다른 생명을 낭비할 수 있는 사회다.

나카시마 노리히코의 양계장 입구에는
'당신은 식품 생산자입니다' 라는 벽보가 붙어있다.

9
지역주민과 함께하는 축산

산다는 것은 결코 아름답고 기분 좋은 일만 있는 것은 아니다.

사람과 마찬가지로 동물도 살아있는 이상 똥도 싸고 오줌도 싸고 악을 쓰는 일도 있다. 그 때문에 도축업뿐만 아니라 고기가 되는 동물을 키우는 축산업 자체도 지역주민한테 허구헌날 싫은 소리를 들어야 했고 배척의 대상이 되었다.

축산관계의 불평건수는 1973년의 10,167건에서 98년에는 2,588건으로 25년 동안 약 4분의 1로 감소했다.

하지만 그 동안 축산농가 호수도 꾸준히 줄었기 때문에, 축산농가 1가구당의 불평신고 발생률은 해마다 상승을 거듭하여 25년 동안 소가 2배, 돼지가 4배에 조금 못 미치고 닭은 19배로 뛰어올랐다.

이는 1가구당 규모가 확대된 것도 한 원인이겠지만, 환경대책을 위한 시설정비가 발달한 것을 고려하면 생활이 풍요롭고 쾌적해짐에 따라 악취와 오물 그리고 울음소리에 대해 사람들의 관용이 줄었다는 것을 보여주고 있다.

조루쥬 바타이유가 『에로티시즘』이라는 책에 이런 글을 썼다.

"배설물은 그 악취 때문에 우리의 속을 울렁거리게 한다고 우리는 생각한다. 하지만 배설물이 애당초 우리의 혐오의 대상이 되지 않았다면, 과연 그것은 악취를 풍겼을까? (중략) 혐오와 구역질의 영역은 전체적으로 볼 때 그 교육의 한 결과에 불과하다."

아기나 치매에 걸린 노인이 배설물을 장난감 삼아 노는 것을 생각하면, 이 지적은 참으로 예리하다. 그리고 그 이론은 배설물뿐만 아니라 우리가 냄새나고 지저분하고 불결하고 이미지가 나쁜 것이라고 치부하고 주변에서 배제시켜온 대부분의 것에 해당한다.

하지만 이미 그것이 뼛속 깊이 새겨져버린 우리가 조루쥬의 이론을 들었다고 해서 당장 그것들에게 관용적이 될 수는 없다. 비관용이 하나의 교육의 산물이라면, 그것을 깨트리기 위해서는 그렇게 교육받은 사람들에게 인정받고 용해되어가면서 사실을 차근차근 인식시킴으로써 조금씩 그 선입관을 바꿔가는 수밖에 없다.

축산업계에서도 그러한 움직임이 나타나기 시작했다.

그것을 느낀 것은 후쿠오카 현 농업협동조합연합회 축산부의 니시다 노부유키의 안내로, 후쿠오카 현의 오키쵸의 나카시마 무네아키(50세)의 양돈장을 방문했을 때였다.

2,200마리의 돼지를 사육하고 있는 나카시마의 양돈장에는 축산농가 특유의 냄새가 전혀 나지 않았고, 수질오염의 원

나카시마 무네아키의 양돈장. 발효바닥 위에서 쑥쑥 자라는 돼지.

인이 되는 똥오줌도 일절 밖으로 배출하지 않았다. 그 비밀은 돈사 바닥에 깔려있는 발효바닥에 있다.

왕겨와 쌀겨, 마을의 특산물인 팽이버섯을 재배한 후의 균상, 거기에 방선균을 추가해 섞은 발효바닥을 콘크리트로 밀폐한 바닥 전면에 50센티 정도 두께로 깔고, 그 위에 돼지를 키운다.

돼지는 코로 땅을 파는 습성이 있기 때문에 배설한 분뇨는 계속해서 그 발효바닥과 섞이게 되어, 배설됨과 동시에 균의 작용으로 발효되고 분해된다. 그 발효열로 수분의 대부분은 증발한다. 그 덕분에 냄새도 분뇨의 유출도 없는 양돈이 실현된 것이다.

살찌우는 기간이 끝나고 도축장으로 출하된 후 그 발효바닥은 새것으로 갈아지고, 기존의 발효바닥은 일정 기간 숙성시켰다가 퇴비로 판매한다.

발효바닥에 사용하는 왕겨, 쌀겨, 팽이버섯의 균상은 모두 이 지역 농업에 의해 발생한 폐기물. 그것을 축산과 결합시킴으로써 만든 퇴비는 딸기 등 지역 농업으로 환원되고, 농작물이 되어 사람들 입으로 들어간다. 나카시마가 만든 퇴비는 작년 말에 실시된 퇴비의 품평회에서 우승하여, 지역 농가에 인기가 폭발적이라고 한다.

나카시마와 니시다는 냄새제거뿐만 아니라 주위에 좋은 향기를 풍길 수 없을까 하여 발효바닥에 커피찌꺼기를 첨가

하는 실험도 시작했다. 나카시마의 돈사와 가장 가까운 민가와의 거리는 30미터. 근처에 어린이집도 있고 초등학교도 있다. 하지만 "그것이 좋은 자극제가 되고 있습니다"라고 본인은 웃으며 말했다.

나카시마는 1년 전부터 돈사 바로 앞에 있는 휴경지를 주인에게 빌려 퇴비를 주고 경작한 뒤, 지역의 비농가에 무료로 빌려주어 자유롭게 채소를 키울 수 있도록 하는 사업도 시작했다. 지역의 초등학생도 10명 정도가 그곳에서 채소를 키우고 있다고 한다.

브로콜리, 당근, 무, 배추 등을 심은 밭에는 아이들이 만들었다는 허수아비도 세워져 있었다.

"돼지 하면 냄새난다는 이미지가 먼저 떠오르잖아요? 그것을 바꾸고 싶어요. 그래서 아이들이 돼지를 보러오게 하고 싶어서, 일부러 돼지우리 앞에 밭을 만들었죠. 냄새나지 않지? 돼지도 귀엽지? 라고 호소하고 싶어서요, 하하. 곧 이 농원에 벤치와 테이블을 만들 겁니다. 그럼 우리가 만든 퇴비로 기른 딸기밭에서 딸기따기 체험을 한 뒤, 우리가 키운 돼지를 구이로 만들어서 다같이 먹는 거예요."

이런 나카시마의 말에 니시다가 덧붙였다.

"지금은 축산이라고 하면 무조건 주민들의 거부반응이 일기 때문에 신설이 거의 어려운 상황입니다. 하지만 이렇게 지역주민들의 참여를 유도해서 이미지를 바꿔 가면, 주민과의

트러블도 일어나지 않을 거라고 믿습니다."

　지금까지의 축산은 자신들을 지역에서 격리시키고 은폐시키는 방향으로 추진해왔다. 완전밀폐로 창이라곤 찾아볼 수 없는 돈사나 계사가 그 전형이다.

　하지만 그래서는 축산의 이미지는 결코 달라지지 않는다.

　거기에서 벗어나 지역주민에게 자신들을 개방하고자 하는 나카시마와 니시다의 노력은, 마찬가지로 깊이 뿌리박힌 이미지로 인해 지역에서 배척당해온 사람들에게 앞으로 나아가야 할 하나의 길을 제시해주고 있다.

10
생명의 의미를 배우다

 고기를 만드는 현장이 우리 주변에서 배제되고 은폐되어 온 결과, 우리의 생명이 수많은 동물의 '죽음'에 의해 유지되어 오고 있다는 '생명의 연쇄'를 실감하지 못하게 된 지 오래다. 그것이 음식물 아까운 줄 모르게 만들고, 나아가서는 자기뿐만 아니라 타인의 생명까지도 경시하는 오늘날의 풍조를 낳게 된 간접적인 원인은 아닐까? 그렇게 생각하고 끊어진 고리를 연결하고자 시도하기 시작한 곳도 많진 않지만 나타나고 있다.
 후쿠오카 현 쿠로메 시에 있는 쿠루메치쿠스이고등학교의 예도 그 중 하나라 할 수 있다.
 이 학교에서는 식품유통과의 1학년생이 매년 자신들이 직접 달걀에서 부화시킨 브로일러를 키우고, 그것을 도축하고 해체하고 요리해서 먹는 실습을 2개월 반에 걸쳐 실시하고 있다. 탄생에서 자기들이 먹을 때까지의 전 과정을 경험하게 함으로써 생명의 의미를 생각해볼 수 있는 계기를 만들어주자는 것이다.
 실습의 클라이맥스인 도축과 해체와 요리는 매년 12월 초에 이루어진다.

도축은 2인 1조를 이룬 학생들이 하게 되는데, 한 학생이 칼등으로 머리를 쳐서 기절시키면 다른 학생이 목을 잘라 피를 빼내는 순서로 진행된다. 지도교사에 따르면 학생 모두가 다른 생명을 죽이는 것에 대한 위화감과 저항감을 맛볼 수 있도록 하기 위해 그렇게 하고 있다고 한다.

학생들의 실습 후 감상문을 읽어보았다.

여학생이 많은 때문인지 대부분의 학생이 울면서 도축에 임했는데, 단호하게 머리를 치고 목을 자르지 못하고 망설인 탓에 몇 번이나 다시 해야 했다고 쓰여 있었다. 제 손으로 죽이지 못하고 결국 교사의 도움을 받은 학생도 상당히 많았던 것 같다.

그리고 대부분의 학생이 '잘 먹겠습니다!의 진정한 의미를 알 수 있었다' '생명의 무게를 실감했다'고 쓴 후, 이 실습을 하고나면 흉악범죄는 저지르지 않을 것 같다는 내용의 글을 썼다. 이 실습을 취재하고 보도한 신문과 텔레비전은 생명의 의미를 생각하게 한다는 실습의 목적은 성공적으로 달성했다고 평가했다.

그런데 나는 한 가지 마음에 걸리는 것이 있었다. 상당수의 학생이 '두 번 다시 하고 싶지 않다'고, 닭을 죽이고 고기로 만드는 행위를 부정적으로 받아들였다는 것이다.

고기를 만드는 현장이나 불필요해진 애완동물을 처분하는 현장을 방문하면서 그곳에서 일하는 사람들의 육성을 귀담

아 들어온 나는, 그럼 우리를 위해 그 '두 번 다시 하고 싶지 않은 일'을 매일 하고 있는 사람들은 무엇이냐는 분노를 닮은 의문을 억제할 수 없었다. 졸업 후, 그렇게 만들어진 식품을 취급하는 직장에 다닐 가능성이 있는 식품유통과 학생들이기에 더 그랬다.

여기 한 여교사가 쓴 글이 있다.

"새나 개나 고양이를 애완동물로 키우고, 걸핏하면 '불쌍해라'를 입에 달고 눈물을 흘리는 아이들이 타인이 죽인 것이면 아무렇지 않게 먹고, 다 못 먹겠다며 아무렇지 않게 음식을 버리는 행동을 나는 이해할 수 없다. 나는 '살아있는 것을 죽이는 것은 나쁘다'는 단순한 생각과 '하지만 다른 사람이 죽인 것은 아무렇지 않게 먹을 수 있다'는 행동이 어떤 망설임도 없이 동거하고 있다는 사실이 너무 두렵다."

이 문제의식에서 출발한 도리야마 토시코 선생은, 당시 근무하고 있던 도쿄의 공립초등학교 4학년생들에게 아침을 굶게 하고 벼 베기와 물놀이를 시킨 다음, 두 마리의 닭을 강가에 풀어놓고 포획하고 도축하여 먹게 하는 수업을 실시했다.

또한 도축한 돼지 한 마리를 통째로 받아와 교실에서 해체하고 요리해서 먹는 수업을 했다.

그 진행모습은 그녀의 저서인『생명을 만나다 - 생명과 성(性)과 죽음의 수업』에 자세히 나와 있는데, 거기에 소개된 아이들의 작문은 참으로 인상적이다.

"'바보바보바보! 냉혈인간!' 외치고 또 외쳤습니다. 하지만 아무 소용이 없었습니다. 거의 죽어 있었습니다. 큰 기둥 뒤에 숨어 소리도 내지 않고 울었습니다. '다, 다시는, 아무것도 안 먹을 거야!' 그렇게 나는 말했습니다. 하지만 사실은 배가 너무 고팠습니다. 아까 내가 말한 것처럼 말한 친구도, 나중에는 '나, 닭고기만 안 먹어'라고 말합니다. 왠지 치사해 보였습니다. 하지만 나도 소시지 두 개를 먹었습니다."

"나는 죽은 돼지를 보고 울었습니다. 하지만 완성된 돼지고기는 언제 울었냐는 듯 까맣게 잊고 맛있게 먹었습니다. 내가 울었던 건 남에게 보이기 위해서였던 것 같습니다. 만일 진짜 울었다면, 고기 같은 건 보고 싶지도 않았을 겁니다. 나는 그때 왜 울었는지 정말 모르겠습니다. 불쌍해서 울었는지, 아니면 나 자신을 마음씨 착한 아이로 보이고 싶어서 울었는지도 모릅니다."

닭을 죽일 때 눈물을 흘리고 한번에 닭의 목숨을 끊지 못해 닭에게 몇 번이나 공포와 고통만 주고 '두 번 다시 하고 싶지 않다'고 쓴 전형적인 현대인이라 할 수 있는 고교생들도, 아마 굶주리면 닭이 됐든 소가 됐든 돼지가 됐든 그들의 생명을 빼앗아 먹게 될 것이다. 그리고 들개가 횡행하여 자신들의 신변이 위험해지면 퇴치에 나설 것이다.

우리 인간은 그런 동물이기에 대대로 자손을 이어가며 살아남을 수 있었다.

즉 사람이 살아남기 위해 빼앗은 다른 생명은 사람의 몸속에서 여전히 살아 숨쉬며, 자손에게로 계승된다.

사람이 살기 위해 다른 생물의 생명을 죽이는 것은 결코 '살육'이 아니다. 자기 안에서 '살게 하는 것'이다.

동물의 목숨을 죽이기만 하고 아무것도 살리지 않는 사람이나 동물의 살육과는 성질이 전혀 다르다. 그런데 세상은 그것을 혼동하고 있다. 그 혼동이 차별과 편견을 낳고, 혼동으로 인한 '죽음의 은폐'가 음식물을 아낄 줄 모르게 하고 생명을 가볍게 생각하는 지금의 풍조와 자연파괴적인 문화를 조장해왔다.

그 혼동에서 벗어난다면, '죽음'을 의미 있는 뭔가로 승화하고 긍정할 수 있는 것으로 만들기 위해서는 어떻게 해야 할지 자연히 알게 될 것이다.

11
그 '빛남'은 반드시

사방에 인가라곤 전혀 없는 후쿠오카 현 야메 시의 산중에 그 돼지우리는 줄지어 있었다.

번식용 어미돼지에게 새끼돼지를 낳게 하고, 체중이 30킬로그램 정도까지 키운 후 비육농가로 출하하고 있는 에스피에프(SPF, 유해한 병원체를 가지고 있지 않은 동물을 뜻한다 - 옮긴이)돼지 육성센터다.

이 센터의 입구에는 적외선 센서로 작동하는 소독액 분무기가 설치되어 있어, 그곳으로 들어오는 차량은 모두 소독액 샤워를 하게 된다. 또한 사람이 건물 안으로 들어갈 때는 현관 옆에 마련된 탈의실에서 입고 온 옷을 모두 벗고 알몸이 되어 샤워로 온몸을 씻은 후, 샤워실 안쪽 방에 준비되어 있는 속옷과 작업복으로 갈아입어야 한다. 취재를 위한 카메라와 노트, 펜도 자외선을 쏘아 살균처리를 한 후에야 반입할 수 있었다.

그렇게까지 엄중하게 관리되고 있는 것은 돼지가 걸리기 쉬운 위축성 비염, 마이코플라즈마 폐렴, 도키소플라즈마, 오에스키병, 돼지 이질 같은 5가지 질병의 원인균을 완전히 씻어내기 위해서다.

보통의 돼지는 이들 병원균 중 몇 가지를 대개 보유하고 있지만, 이들에의 감염을 방지함으로써 돼지고기 1킬로그램을 만들기 위해 필요한 먹이의 양(사료요구비율)을 통상의 3.1~3.2킬로그램에서 2.7~2.8킬로그램로 줄일 수 있다. 뿐만 아니라 성장속도도 향상되기 때문에 통상의 190~200일 걸리는 출생에서 도축까지의 사육기간도 10~20일 정도를 단축시킬 수 있다.

돼지의 고기중량은 한 마리가 약 70킬로그램이므로, 사료요구비율이 0.4킬로그램 향상하면 한 마리 당 28킬로의 사료가 절약되게 된다.

그리고 유해한 병원균이 없는 환경에서 자라기 때문에, 먹이에 항생물질을 첨가하지 않는 무약 기간도 통상의 도축 전 60일에서 90일로 늘릴 수 있고, 해체 시에 질병에 의한 변질로 폐기해야 하는 내장의 비율도 대폭적으로 줄일 수 있다고 한다.

이런 효과로 인해 돼지고기의 생산비용은 1킬로그램 당 30엔 정도가 절약된다. 또한 생선가루 같은 동물성 단백질을 별로 사용하지 않는 먹이로 키우면, 젊은 사람들이 좋아하는 냄새 없고 부드러운 고기가 만들어진다고 한다.

전국농업협동조합은 2003년까지 전국에서 연간 100만 마리, 규슈·야마구치·오키나와에서 40만 마리를 이 방식으로 생산하는 방침을 내세우고 있다.

암퇘지에게 올라타 교미하고 있는 수퇘지

센터에서는 각 돼지우리 내의 기온과 습도를 모두 컴퓨터로 집중관리하고 있고, 먹이를 주는 것도 완전자동이다. 배설물은 발처럼 엮어진 바닥 밑을 달리는 스크레이퍼에 의해 한 곳으로 모아져 퇴비창고에서 비료로 만들어진다. 사람들이 원하는 저렴한 가격과 맛, 안전성, 그리고 양호한 주변 환경을 추구한 결과 양돈은 여기까지 발전하게 되었다.

센터에서 사육되고 있는 어미돼지의 데이터는 한 마리씩 컴퓨터에 입력되고, 그것을 토대로 철저한 번식관리가 이루어지고 있다.

돼지의 임신기간은 114일로, 90퍼센트 이상이 예정일에 분만한다. 분만 후 17~20일이 지나면 어미와 새끼는 분리되고, 그로부터 5~7일이 지나면 어미돼지는 다시 발정이 나는데 이틀 정도 그 기간이 지속된다. 새끼 돼지는 출산에서 약 70일 정도가 되면 비육농가로 보내지는데, 매주 월요일에 출하할 수 있도록 철저하게 계산된 상태에서 작업계획이 세워진다.

내가 방문했을 때 마침 흰 암퇘지에게 검은 수퇘지를 한창 교미시키고 있는 중이었다. 임신을 확실히 하기 위해 교미 후에는 인공수정도 실시한다.

수컷이 암컷의 등위에 올라타 교미하는 모습은, 그것들이 어김없이 살아있는 '생명' 그 자체임을 실감하게 해주었다. 하지만 지금은 진짜 교미는 일절 시키지 않고 인공수정만으로 새끼돼지를 생산하는 곳이 늘고 있다고 한다.

철저한 무균지향과 컴퓨터관리의 자동화된 생활, 그리고 섹스리스. 설명을 듣고 있자니 왠지 미래의 인간사회를 엿보고 있는 듯한 기분이 들었다.

"한번에 태어나는 새끼 수는 평균 10.5마리로, 그 중 9.7 ~ 10마리가 사육됩니다. 어미돼지는 1년에 평균 2.3 ~ 2.4번의 분만을 하는데, 7번 분만을 하면 도태됩니다. 임신이 안 되거나 출산스트레스로 몸을 해치거나 하는 돼지는 그 전이라도 도태시키기 때문에, 100마리가 있으면 1년에 대개 30마리 이상이 도태되지요"라고 말하는 와타나베 시게키 사장(47세).

여기서 말하는 도태란 도축해서 고기로 만든다는 의미다. 이들 어미돼지의 고기는 질기기 때문에 대부분이 저민 고기로 판매된다.

이곳에서는 이렇게 생산된 새끼돼지들을 일주일에 500마리 정도 비육농가로 출하하고 있다.

어미돼지와 새끼돼지가 함께 지내는 분만우리와 젖을 뗀 같은 월령의 새끼돼지들이 있는 육성우리는 완전 밀폐형으로 되어 있어 외부의 빛이 일절 들어오지 않는데, 육성우리는 보통 희미한 전등만 켜놓아 어둑한 상태를 유지한다.

"스트레스를 가능한 한 줄이기 위해섭니다. 밝으면 운동을 하게 되니까 살이 잘 안찌거든요."

전등을 켜고 안으로 들어가자, 새끼돼지 한 마리가 놀라

안으로 도망친다.

　그런가 하면 호기심에 쭈뼛쭈뼛 내 옆으로 다가오는 돼지도 있다.

　돼지에게도 저마다 개성이 있다는 걸 알 수 있었다. 서로 엉켜 뒹굴뒹굴하는 모습이 뺨이라도 부비고 싶을 만큼 사랑스러웠다.

　하나의 분만우리에 30가족의 어미와 새끼들이 각각 세 평 정도로 나누어진 구획에 들어가 있었다. 그런 분만우리가 모두 10개가 있다.

　오늘 아침 갓 태어난 새끼돼지들은 아직 눈도 못 뜬 채다. 태어나 1주일 정도 지난 새끼돼지들은 어미돼지의 젖무덤에 고개를 처박은 채 힘차게 젖을 빨고 있었다.

　계산되고 시스템화 된 속에서 세상에 태어나고, 철저하게 관리되고 있는 환경에서 자라고, 태어난 순간부터 세상을 떠날 날까지 정해져 있는 그들. 그럼에도 열심히 살려고 애쓰는 그 생명은 인간의 그것처럼 빛나 보였다.

　젖을 빨고 있던 새끼돼지 한 마리를 안아들고 나에게 보이면서 와타나베 사장이 말했다.

　"이 녀석들을 보고 있으면 일이 힘든 것도 싫은 일도 다 잊을 수 있어요. 돼지는 15분 간격으로 한 마리 씩 낳는데, 몇 시간이라도 옆에 있어주고 싶답니다. 물론 힘들겠지만, 그렇게 해주고 싶어요."

어미돼지의 젖꼭지를 빨고 있는 새끼돼지들

그러한 생명을 에너지로 받아서 우리 인간은 살아가고 있다. 그러므로 아무리 무의미한 '생명' 처럼 보이더라도, 우리의 생명에는 그 '빛남' 이 반드시 함께 한다.

제3부 유서를 읽다

1
자살 – 한없이 미안하다는 말과 함께

엄청난 수의 유서를 읽었다. 최근 몇 년 간 자살한 사람들이 남긴 것이다.

달랑 한 줄뿐인 것이 있는가 하면, 편지지 몇 장에 걸쳐 구구절절 사연을 엮은 것도 있다. 희미해져가는 의식 속에서 새긴 것이 분명했을 어느 음독자살자의 유서는 휘갈긴 글자가 지그재그로 춤을 추듯 하다, 마지막은 판독조차 불가능할 정도였다. 단정한 붓글씨에서 죽음에 대한 각오를 충분히 읽을 수 있는 어느 노인의 유서도 있었다.

가지각색의 얼굴을 한 유서들은 그 너머에 한 사람 한 사람의 다른 인생이 있었다는 것을 웅변하고 있었다.

그것들을 읽는 동안 한 가지 깨달은 바가 있다. 대부분의 유서에는 친지나 관계자에게 보내는 사과의 말과 자신을 책망하는 말이 쓰여 있다는 것이다.

"지금 사랑하는 어머니가 병환으로 고생하고 계십니다. 그 모든 것이 저 때문입니다. 그러니 내 생명을 단축시켜서라도 어머니를 살려주십시오 …… 죄송합니다 …… 용서하십시오."

"○○야, 아버지, 어머니 정말 죄송합니다 …… 그래도 살아야지, 얼마나 스스로에게 다짐했는지 모릅니다. 하루 종일 누워있는 것도 고통이었습니다. 하지만 그래도 ○○가 따뜻하게 대해준 것은 나에게는 무엇보다 큰 힘이었습니다."

"나 자신이 너무너무 싫어서, 더 이상 살아갈 자신이 없습니다. 정말 미안합니다. 면목 없습니다. 뭐라고 사죄의 말을 해야 할지 모르겠습니다."

"모두 미안하다. 너희가 어른이 될 때까지 최선을 다해 키워야 할 책임이 있는데, 도저히 그럴 자신이 없구나. 정말 미안하다."

"불행하게 만들고 말았다. 그것이 가장 용서할 수 없다. 면목이 없다. 다 내 책임이다."

"난 바보다."

"미안합니다 미안합니다 미안합니다 미안합니다 미안합니다 아버지, 어머니, 정말 미안합니다."

하나같이 미안하다 사죄하고, 자신을 책망하면서 죽어간 사람들.

철저한 자기부정 끝에 자신의 존재자체를 지워버린 그들의 고통과 슬픔이 그대로 전해온다.

경찰청이 2001년에 발표한 〈자살개요〉에 따르면, 99년도 자살자는 3만 3048명. 전후 통계를 내기 시작한 이래로 최다였다. 교통사고에 의한 사망자수가 1만 명 정도이므로 그 3배 이상이, 실제로 16분 간격으로 누군가가 스스로 목숨을 끊는

다는 말이 된다.

　일본의 자살자수는 최근 반세기 동안 연간 15,000~25,000명 대로 추정되어 왔다. 그런데 98년에는 전년도의 24,391명에서 단번에 8,500명 가까이가 증가해 32,863명을 기록했다. 99년도에는 그것을 더 웃돌고 말았다.

　전에 없이 많은 사람들이 자살을 하고 있음에도 불구하고, 이상하게 우리는 그에 대한 실감도 위기감도 전혀 없다. 그도 그럴 것이 대부분의 자살이 사람들 눈에 띄지 않도록 숨겨지고 있기 때문이다.

　일본에서는 자살자와 그 가족에 대한 편견이 강해서, 남겨진 자녀들의 취직이나 결혼에 미칠 영향을 두려워하여 유족은 사인을 극구 숨기려고 한다. 미디어도 저명인사나 사회의 이목을 끌만한 자살 외에는 다루지 않기 때문에, 대부분의 '평범한 자살'은 아무도 모르게 은밀히 처리된다.

　그 결과, 공전의 자살자가 발생하고 있음에도 사람들은 그것을 실감하지 못하고 있고 대책을 추구하는 여론이 형성되는 일도 없다. 그렇게 자살자 수는 증가일로를 달리고 있다. 편견에 의한 격리와 은폐의 결과 방치된 한센병 문제와 완전히 같은 구조다.

　이런 유서도 있었다.

　"일이 없다. 잘 수가 없다. 벌써 며칠째 잠을 못 자고 있는가? 보험증이 없다. 병원에 갈 수 없다. 한의원에 가보았지만 전혀 듣지 않는다. 이제 죽을 수밖에 없다."

중증의 자살미수자 20명을 취재한 논픽션 작가인 야누키 다카시는 『자살 — 살아남은 자의 증언』에서 이렇게 말했다.

"'죽으면 편해질 줄 알았다' '죽을 수밖에 없다고 생각했다'. 그런 말을 몇 번이나 듣다보니 '정말 죽고 싶어서 자살하는 사람은 없다'는 생각을 갖게 되었다 …… 그들의 정신상태는 '죽으면 ……' '죽을 수밖에 ……' 라고 생각할 지경까지 내몰린 상태였지만, 사실은 '죽고 싶은 것이 아니다. 다만 편안해지고 싶을 뿐이다' 라는 마음이 거기에 담겨져 있다는 것을 알았다."

내가 읽은 유서의 주인들도 사실은 죽고 싶었던 것이 아닐 것이다. 하지만 달리 편안해질 방법을 찾지 못하고, 말 그대로 죽을 '수밖에' 없었던 것이리라. 대부분의 자살자가 한결같이 미안하다 사죄하면서 죽은 것도, 그렇게 생각하면 납득이 간다.

일본의 자살학의 창시자라 할 수 있는 오하라 켄시로 하마마츠의과대 명예교수는 자살자는 '죽고 싶다'고 생각하는 반면, '살고 싶다' '어떻게든 구원받고 싶다' 는 바람을 반드시 가지고 있다고 여러 저서에서 지적하고 있다.

그렇다면 우리 사회는 자살에 대한 편견 때문에, 살릴 수 있을지도 모를 사람들을 방관하고 있는 것은 아닐까?

제3부에서는 지금까지 표면화된 적이 없었던 '평범한 자살자'들의 유서를 통해, 일본의 현주소를 들여다본다.

(주) 2000년 이후에도 매년 3만 명이 넘는 사람들이 계속 자살하고 있다. 98년부터 2003년까지 6년 연속 자살자 수가 3만 명대를 돌파한 셈이 된다.

2
생명으로 빚을 갚다

 98년 2월 도쿄 고쿠리츠 시에 있는 한 호텔에서 중소기업의 경영자 세 명이 동반자살을 한 사건이 있었다.
 보도에 따르면 그들은 서로에게 융통어음을 발행해 자금을 조달한 사이로, 실적부진과 은행의 대출기피로 자금조달이 악화. 1억 엔의 변제기한이 다음날로 임박하여 연쇄도산의 위기에 처해 있었다. 세 사람은 '보험금으로 회사의 재건을' '가족은 보험금으로 살아가라' 라는 유서를 남겼고, 자신의 목숨으로 빚을 대신하고 회사의 운영자금과 가족에게 남겨줄 돈을 염출하고자 했던 것이다.
 이 사건은 비즈니스 세계의 가혹함을 상징하는 특이한 사건으로 크게 보도되었다.
 하지만 흔해빠진(?) '보통의 자살' 로써 은밀하게 처리되는 대다수의 자살자들의 유서를 읽다보면, 그 비슷한 자살이 일본에서는 전혀 놀라울 것 없는 마치 밥 먹듯이 일어나고 있음을 알 수 있다.
 "부채 총액 약 3억 5천만 엔. 이 체력과 나이로는 도저히 변제할 기력도 없으니, 용서만을 바랄 뿐입니다. 결국 친척, 지인, 친구, 그리고 협력업체의 여러분에게도 폐를 끼쳤으니 어떻게 용서를 빌어야 할지 모르겠습니다. 내일의 월급과 월말의 어음결제도 해결할 길이 없어, 죽음을 선택합니다. 자택의 대출금 잔액은 생명보험으로 결제할 수 있을 것이고, 최종적으로 매각해서 다만 얼마라도 부채(여러분의)를 갚는 데 써주시기 바랍니다 …… 의 토지도 부채처리에 써주십시오 …… 진심으로 사죄합니다. 마지막까지 정말 죄송합니다."

또 다른 사람은 이런 유서를 남기고 자살했다.

"연대보증에 대해서는, 제 생명보험이 6천만 엔 있습니다. 그것으로 잘 부탁드립니다. 사치코의 주의를 무시했던 제가 나빴습니다. 그러니 부디 사치코를 탓하지 말아주십시오."

자신이 가입해 있던 생명보험회사 6곳의 이름과 금액, 증권번호를 기입한 뒤, 아내에게 이렇게 남기고 간 사람도 있다.

"회사에 대해서는 세무사 사무소에 편지를 보내놓았으니 보험금으로 지불하도록 하세요. 남은 금액은 모두 히로미 당신이 가져요. 작은 맨션 하나 건축해서 그 수입으로 생활하면 좋을 것 같소."

'보증인 여러분에게'라는 제목으로 쓰인 이런 유서도 있었다.

"결과가 이렇게 돼서 정말 죄송합니다. 나머지 문제는 아내와 상담해서 생명보험금이 나올 때까지 기다려주시기 바랍니다 …… 도매상 여러분, 결과가 이렇게 돼서 죄송합니다.

부도어음에 대해서는 상품재고와 맞춰 청산해주시기 바랍니다. 가족들을 부탁합니다. 가족을 탓하지 말아주십시오."

이 사람은 가족 한 사람 한 사람에게 보내는 유서도 남겼다.

(아내에게) "정말 미안하오. 하지만 가족과 나를 믿고 보증인이 되어준 사람들에게 면목이 없소. 이것밖에는 방법이 없는 것 같소. 사업을 시작한 이후로 당신에게 고생만 시켜서 미안하오. 지금까지 잘 버텨주어서 고맙소. 아이들을 잘 부탁하오 …… 내 최고의 보물은 당신과 아이들을 만난 것이었소. 사유리 진심으로 사랑하오. 안녕히 …… 내가 나빴소."

(장남에게) "넌 이 아버지의 장남이니까, 어머니와 타쿠야를 잘 보살펴 주어라. 아버지는 아버지로서의 자격이 이것으로 제로가 되었다. 하지만 남자로서 책임은 지고 싶구나. 이번 일을 교훈 삼아 너는 절대 아버지와 같은 일은 하지 않도록 열심히 살아서 훌륭한 어른이 되어 주렴. 더 이상 쓸 수가 없구나. 이 아버지가 지켜보고 있으마."

(차남에게) "아버지는 최선을 다했지만, 결국 실패했다. 타쿠야, 미안하다. 앞으로는 어머니와 형 말을 잘 듣고, 큰 사람이 되거라. 타쿠야, 정말 미안하다."

빚을 자신의 생명보험으로 메우려고 했던 사람들의 유서는, 이것 말고도 셀 수 없이 많았다. 거기에는 거의 예외 없이 남겨놓고 가는 가족을 걱정하는 말들이 씌어있었다. 아내와 아이들의 앞날을 염려하며, 차마 떨치지 못하는 미련에 도리질 치면서 자신의 목숨을 끊었으리라. 모두들 책임감이 강하고 가족애가 특별한 남자들이었음이 유서를 보면 그대로 전해져왔다.

이 유서의 주인들도 결의의 비장함과 애절함에 있어서는, 고쿠리츠 시의 세 경영자와 다를 게 전혀 없다. 하지만 그 모든 자살이 아무도 모르게 처리되었고, 신문의 짜투리 기사로도 다뤄지지 않았다.

고쿠리츠 시의 사건이 크게 보도된 것은 자살의 이유 때문이 아니라 단순히 세 사람이 함께 자살했다는 것이 특이했기 때문이었다.

빚을 자신의 목숨으로 청산한다.

그런 책임방법은 지금도 당연한 것처럼 계속되고 있다.

하지만 그 죽음은 은폐되어, 그것이 사회문제화 되는 일은 우선 없다.

그들은 정말 죽을 '수밖에' 달리 방법이 없었던 것일까? 한 번 더 경제문제로 인한 자살에 대해 생각해본다.

3
고통이 의미하는 것

"지금 정부가 은행대출완화대책으로 대대적으로 실시하고 있는 경영안정화 자금도 진짜 어려움에 처해 있는 약소기업에게는 남의 나라 이야기란 걸 절감했습니다."

그 유서는 이렇게 시작되고 있었다.

"전부터 신청해왔던 융자신청이 오늘 아침에서야 심사에 통과하지 못했다는 연락을 받았을 때, 눈앞이 캄캄해지면서 억누를 수 없는 분노를 느꼈습니다. 3년 전에 거래처 회사의 도산으로 3,200만 엔이라는 적자를 낸 것을 2년간 죽어라 일해서 이번 분기결산에서 드디어 흑자로 돌린 노력이 무엇이었는지? 당연히 은행대출은 안 되고 높은 금리의 사채를 쓰지 않고는 견딜 수 없는 상황에서, 사채를 쓰고 있는 기업은 무조건 안 된다고 하면 더 이상 무얼 할 수 있겠습니까?

지금 니치에이(日榮, 일본의 사업자금융업 - 옮긴이)니 상공펀드니 하는 것들을 매스컴도 정부도 대대적으로 악덕업자 취급하지만, 약소기업에게는 그래도 이용하지 않을 수 없는 필연성이 있단 말입니다."

거래처의 도산으로 입게 된 적자를 필사의 노력으로 흑자로 돌려놓았는데, 은행의 대출거부로 인해 자금조달이 막혔고 마지막 희망이었던 정부의 융자제도도 사채를 빌렸다는 이유로 물거품이 되자 마음의 끈을 아예 놓아버린 것이리라.

유서는 이렇게 끝을 맺고 있었다.

"이 비참한 마음을 어떻게 해야 할지 모르겠습니다. 목을 매기 전에 한 마디 전하고 싶었습니다."

거래처의 도산으로 인해 위기에 직면한 다른 업자는 채권자나 하청업자에게 이런 유서를 남겼다.

"여러분에게는 너무 많은 폐를 끼치게 되어 죄송합니다. 올해에 들어 A사와 B상사의 도산으로 약 2,800만 엔의 부도가 났습니다. 저도 지금까지 최선을 다해왔습니다만, 회사의 자금조달이 더 이상 불가능하게 되었습니다.

다른 사람들은 쉽게 자기파산을 인정하고 도망치지만 저까지 그런 짓을 한다면 같은 곤경에 처할 사람이 또 나오게 될 것입니다(도망치는 사람이 옳은 것인지, 제 생각이 옳은 것인지 저도 모르겠습니다). 하지만 저는 도저히 도망칠 수 없습니다. 저의 목숨으로 청산하고자 합니다. 저도 가족들을 희생시키고 목숨을 끊어 청산하고자 하는 것이니 부디 가족들을 추궁하진 말아주십시오."

유서에는 분명하게 적혀있진 않았지만, 이 사람도 생명보험으로 부채의 청산을 꾀했다는 것을 알 수 있다.

'빚을 못 갚겠으면 신장을 팔아라!' 라고 협박해오는 사채업자의 강제징수가 한때 문제시되었는데, 그 배경에는 사채

업자에게 의지하지 않을 수 없는 중소기업의 실정과 대부분의 업자가 부채를 위해 신장은 말할 것 없고 목숨까지도 내던지는 현실이 있었던 것이다.

경찰이 79년 이래 매년 발표해온 전년도의 〈자살개요〉에는 원인·동기별 자살자수도 표기되어 있다.

가정문제, 건강문제, 경제생활문제, 근무문제, 남녀문제, 학교문제, 기타 미상으로 분류된 원인 및 동기 중 가장 자살자수의 변동이 심한 것이 경제생활문제다.

78년에 1,703명이었던 경제생활문제에 의한 자살자수(유서가 없는 경우도 포함)는 5년 후인 83년에는 3,651명으로 배가 증가했다. 그 후 일단 감소하기 시작해 버블경기 말기인 90년에는 1,272명까지 감소했다.

하지만 버블붕괴와 함께 다시 증가로 돌아서 97년에는 3,556명으로 과거 최대였던 83년과 같은 수준을 회복했다.

그리고 그 후에도 증가의 기세는 꺾이지 않고 98년에는 6,058명으로 전년대비 70퍼센트 증가라는 전에 없던 증가율을 기록했다. 뿐만 아니라 99년에는 그보다 700명이 웃도는 6,758명, 2000년에는 6,838명에 달했다.

경제적인 이유 때문에 1년간 자살한 사람의 수는 버블붕괴 후의 '잃어버린 10년' 동안 5배가 증가한 것이다.

일본의 완전실업률의 추이와 이 경제생활문제로 인한 자살자수의 증감과는 놀라울 정도로 관계가 깊다. 일본에서는 불황으로 실업자가 증가하면 동시에 경제고로 인해 자살하는 사람이 급증한다. 도산이나 구조조정으로 개인이 경제적인 곤경에 처했을 때의 사회적 완충장치가 충분하지 않다는 것을 이 사실은 가르쳐주고 있다.

현재, 이 나라가 추진하고 있는 구조개혁의 기본이념은 경쟁과 자기책임이다. 경쟁원리를 도입하고 민간의 자조노력에 의해 경제의 생활화를 도모한다는 그것은 '고통'을 동반한다고들 한다. 그 '고통'이 어떤 것인지, 대부분의 자살이 은폐되고 있는 지금 사람들은 실감하지 못하고 있다.

구조개혁에 필요한 부실채권의 처리나 나라의 지출억제는 중소기업 등 경제의 저변에 직격탄이 되고 있다. 지금 이상의 도산과 실업자의 증가는 피할 수 없을 것이다. 경제의 재생을 위해 그것이 불가피하다면, 경제적으로 궁지에 몰린 사람들이 최후의 선택을 하지 않아도 될 수 있게 물심양면으로 도와줄 구조를 서둘러 만들 필요가 있다.

지금도 전에 없이 많은 사람들이 경제적인 이유로 자살하고 있는데, 사회의 완충장치를 보강하지도 않고 경쟁과 자기책임을 추구하는 분위기만 고조되면, 비통한 유서를 쓰는 사람들이 무수히 많아질 것은 불을 보듯 뻔하다.

그것은 언제, 누구에게 떨어질지 모를 벼락과도 같은 것이다.

4
병자를 죽음으로 내모는 무력감

경제생활문제를 원인으로 하는 자살자수가 해마다 급변하고 있는 것에 비해, 일관적으로 자살동기의 수위를 점유하고 있는 것이 건강문제, 즉 질병을 원인으로 하는 자살이다.

경찰청의 통계에 따르면 어느 해에는 자살자 총수의 50~70퍼센트를 차지하였고, 31,957명의 자살자를 낸 2000년은 약 절반인 15,539명이 이 건강문제를 이유로 한 자살이었던 것으로 보인다. 그런 만큼 보편적이고 많은 '보통의 자살'이라 할 수 있을 것이다.

병에 걸린 것 자체만으로도 고통스럽다. 치유할 가능성이 없으면 그 고통은 한층 견디기 힘들 것이다. 그러므로 그 고통으로부터 벗어나기 위해 자신의 생명을 끊는 것도 어떤 의미에서는 이해할 수 있을 것도 같다. 병고에 의한 자살을 예방하는 것이 어렵다고 보고, 아무런 대책도 세우지 않았던 것은 그 때문이다.

하지만 질병을 원인으로 하여 자살한 사람들의 유서를 다수 읽어보면, 그러한 인식이 틀린 것은 아닐까 하는 생각이 든다. 왜냐하면 그들을 죽음으로 몰아세운 것은 결코 병 자체의 고통이 아니었다는 것을 그들의 유서가 가르쳐주고 있기 때문이다.

예컨대 오랜 통원치료 끝에 투신자살을 한 남성의 유서에는 이렇게 씌어있었다.

"지금까지 나를 불철주야 보살펴주신 아버지, 어머니, 형, 그리고 친구들에게 미안하지만 더 이상 신세를 질 수도 없고, 내가 누군가에게 도움이 되어줄 자신도 전혀 없습니다. 살아있을 가치를 도저히 찾을 수가 없습니다."

또 다른 남성은 어머니에게 이런 편지를 남겼다.

"질병, 입원, 재활, 또 사회에 나갈 일 등 지금까지 많은 생각을 해봤지만, 사회로 나갈 생각을 하니 자신이 없습니다. 어머니께는 심적으로나 금전적으로 걱정을 끼쳐드려 죄송합니다. 그리고 형과 동생에게도 여러 모로 폐를 끼친 것 같아 정말 미안합니다."

아내에게 다음과 같은 유서를 남긴 사람도 있다.

"일도 못하는 나 때문에 생활고가 이만저만이 아닐 것입니다. 적은 보험금이라도 조금은 보탬이 될 겁니다. 나 같은 운도 더럽게 없는 남자만 없어진다면 노비코 당신도 운이 좋아질 겁니다. 내가 만든 요리, 맛있게 먹어줘서 고마웠소. 밥을 먹고 또 먹는 생활은 참 힘든 일입니다."

이들 유서를 통해 알 수 있는 것은 자신들은 아무 도움도 안 되고 주위에 폐만 끼치는 짐밖에 안 된다는 의식이다. 그리고 자신은 살아갈 가치도 없는 인간이고 존재자체가 죄악이라는 의식 때문에 그들의 마음이 얼마나 큰 고통을 받아왔는지 알 수 있다.

그렇다면 왜 자신이 짐이고 가치 없는 존재라고 생각하는 것이 죽을 만큼 괴로운 일일까? 그것은 아마도 그들이 무의식 속에서는 '살고 싶다'고 간절히 바라고 있었기 때문일 것이다.

마음 깊은 곳에서 솟아나는 '살고 싶다'는 바람. 하지만 자신이 다른 사람에게 짐이 된다는 의식은 그러한 바람을 금기시하고, 너는 살아있으면 안 될 존재라고 끈질기게 속삭인다. 즉 '살고 싶다'는 바람을 자신의 마음이 허락하지 않기 때문에 괴로운 것이다.

긴 투병 끝에 목숨을 끊은 어떤 자살자는 그 갈등을 유서에 이렇게 쓰고 있다.

"내가 만든 목표는 내 존재의 부정이었습니다. 매일 죽는 것만 생각하고, 365일 하루도 빠짐없이 오로지 죽고 싶다기보다는 사라지고 싶다, 과거와 현재와 미래, 모든 것에서 나 자신을 지워버리고 싶다.

하지만 그것이 불가능하다는 것을 압니다. 당연한 일입니다. 생명의 존엄, 그것은 누구나 알고 있는 것입니다.

다만 지금 살아서 이곳에 있다는 것이 최대의 고통이고, 무엇을 해도 마음은 움직일 줄 모르고 무엇을 보아도 마음속은 차갑게 식어만 갔습니다."

정신과의사인 도이 다케오는 『어리광의 구조』라는 책에서 "자신의 존재가 '방해가 된다'는 심리는 '방해받는다'는 심리가 반사된 것으로, 방해를 배제하지 못하기 때문에 마침내는 자기 자신을 방해물로 의식하게 되는 경우다"라고 지적하고 있다.

이것을 병 때문에 고민하는 사람의 심리에 적용하면 이렇게 된다.

환자는 질병에 의해 방해를 받고 있기 때문에 행복한 생활을 보낼 수 없다고 생각하고, 질병을 어떻게든 배제하려고 한다. 하지만 그 방해물인 질병을 아무래도 배제할 수 없는 경우도 있다. 그럼 방해자 의식이 이번에는 자기 자신으로 향하게 되고 자기 자신을 방해자 취급하여 세상에서 배제시켜야 한다고 생각하게 된다.

만일 그렇다면 자살을 하지 않고도 그 고통에서 해방될 수 있는 방법이 있다. 그것은 질병을 방해물로써 배제하려는 시도를 그만두고 질병을 받아들이는 것이다. 그렇게 하면 자신을 방애물로 인식할 일도, '살고 싶다'는 바람을 금지시킬 필요도 없이 얼마든지 마음 편하게 살 수 있을 것이다.

질병으로 고민하는 사람이 환자로서 자신을 받아들이고, 병과 함께 살아보겠다는 마음이 들게 하기 위해서는 사회가 환자를 따뜻하게 안아주고 그들을 방해물로 인식하는 일이 없어져야 한다.

하지만 현실은 자조자립을 촉구하는 목소리만 높아지고, 자립하고 싶어도 하지 못하는 사람들이 자신을 짐처럼 생각하게 만드는 방향으로만 내달리고 있다.

5
늙음을 외면하는 사회

 신문에 연재했던 이 책 『숨겨진 풍경』의 제1부 「애완동물의 행방」과 제2부 「고기를 만들다」를 국어표현교재로 사용했다는 카고시마 현의 한 고등학교 선생님한테서 1년간의 수업을 정리한 지도기록이 배달되었다.
 거기 수록된 학생들의 작문 중에 요양병원에 입원한 할머니를 병문안 갔을 때의 경험을 쓴 것이 있었다.
 "나도 할머니가 입원해계신 병원에 병문안을 가지만, 가끔 엄청난 이야기를 듣습니다. 병문안을 오는 사람들 중에 중고등학생 정도의 남자아이가 '난 차에 있을래. 할머니한테서 더러운 냄새가 난단 말이야. 병원에 들어가는 것도 싫어'라는 사람이 있었습니다. 왠지 나는 슬퍼졌습니다. 그 뒤 할머니를 만났을 때, 할머니는 빵긋 웃으시며 '손자가 이렇게 와주니 너무 기쁘구나. 이런 델 와주다니'라고 말씀하셔서 나는 깜짝 놀랐습니다. 할머니들도 다 알고 계시는구나, 해서."
 작문에 등장한 남자아이의 병든 노인에 대한 시각과 우리의 노인관이 전혀 다른 것이라고 과연 장담할 수 있을까? 적어도 나에게는 그럴 자신이 없다. 노인들도 그것을 뼈저리게 느끼고 있기 때문에 '이런 데'라는 말을 입에 올리는 게 아니겠는가?

자살을 한 노인들이 남긴 유서를 읽노라면, 사회의 그런 노인관에 그들 또한 사로잡혀 스스로 죽음을 택했다는 것을 알 수 있다.

퇴행성 망막원형변성증에 의한 시력저하를 이유로 자살한 여성은 친구에게 이런 유서를 남겼다.

"눈이 안 보이기 시작했다. 죽기로 했다. 장님으로 사는 것은 늙은이에게는 너무 비참해. 하얀 지팡이를 짚고 다니는 것도 비참해. 하지만 이런 날이 올 것은 3년 전 오른쪽 시력을 상실했을 때부터 '언젠가는 왼쪽도······' 라는 의사의 경고로 이미 각오하고 있었다. 심한 충격도 깊은 슬픔도 느끼지 않는다. 그간의 3년을 '눈이 보이는 동안의 짧은 여명' 이라고 생각하고 마음껏 즐겨온 나였다. 지금 나 스스로의 의지로 좀 서둘러 여명을 끝내는 것뿐이다."

나이를 먹으면 여러 가지 능력을 상실하게 된다. 그 결과 주변의 일을 자기 힘으로 처리할 수 없게 되는 경우도 많다. 그것은 너무나 비참하고 무참한 일이며, 그렇게 남에게 의지하면서까지 살 필요는 없다고 그 여성은 생각하고 스스로 목숨을 끊은 것이다.

형제와 자녀들에게 이런 유서를 남기고 자살한 남성도 있다.

"더 이상 내가 연명하면 할수록 다른 많은 사람들에게 피

해가 간다. 지금 내 몸으로 일을 할 수도 없고 빚만 늘어날 뿐이니, 많은 사람들에게 폐만 끼치게 될 것이다. 처음 자살을 결심한 것이 2개월 전인데, 좀더 빨리 가지 못한 것이 후회스러울 뿐이다."

이 노인도 질병을 원인으로 한 다른 자살자들과 마찬가지로, 자신이 남에게 피해만 주는 짐이라는 의식에 지배되어 스스로 목숨을 끊은 것이다.

그리고 다른 여성은 다음과 같은 짤막한 글을 남기고 자살했다.

"일흔일곱 살이 되었습니다. 더 이상 나이를 보태고 싶지 않습니다. 이쯤에서 끝내고 싶습니다."

이 유서에서는 나이를 먹는 것에 대한 단호한 거부감이 전해져온다.

나이를 먹고 늙는 것은 부정적인 것이고 다른 사람에게 피해가 되는 죄악이다. 그것이 자살한 노인들 대부분이 가지고 있는 공통된 마음이라는 것을 알 수 있다.

"젊은이 지향의 현대사회에서는 늙는다는 것이 종종 비극이 된다."

이것은 미국의 사회학자인 낸시 J. 오스굿이 92년 출판한 『노인과 자살 — 늙음을 외면하는 사회』의 서두에 쓴 말이다.

자살통계나 개개의 자살사례를 토대로 노인의 자살문제를 논한 이 책에서 오스굿은 미국의 노인이 처한 상황을 다음과 같이 묘사한다.

"보기 흉하고 더럽고 비생산적이며 아무 쓸모도 없고 경제적 부담이 된다고 사회로부터 취급받고 있는 미국의 노인 대부분은 늙을 바에는 죽는 것이 낫다고 생각한다."

"노인에게 가치 있는 역할이나 지위를 부여할 만큼 미국사회는 관용적이지 않다. 오히려 한번 쓰고 버리는 일회용문화 속에서 쓰고 버려지는 쪽에 속한다."

"많은 사람들이 염려하고 있는 것은 빈궁한 재원이나 보건의료자원을 증가일로에 있는 노인들에게 어떻게 사용할 것인가이다. 노인들은 사회 속의 보다 생산적인 젊은이들에게 사회적·경제적 부담이라고 받아들여지고 있다."

오스굿은 이 책에서 노인을 지금도 존중하고 있는 나라로 '경로의 날'이라는 국경일이 있는 일본을 꼽고 있다.

하지만 그것이 그녀의 단순한 착각이고, 이 책에 제시하고 있는 늙음에 대한 미국사회의 시각이 지금의 일본에도 그대로 존재하고 있다는 것은 당사자인 일본 노인들이 누구보다 잘 알고 있다.

노인이 살기 힘겨운 문화, 일본은 그것까지도 미국을 초고속으로 따라잡으려 하는 것일까?

6
궁지에 몰린 노장년층

노인이 자살을 시도한 그 현장에 나도 함께 한 적이 있다.

후쿠오카 현에 있는 특별노인요양원에 투숙하면서 취재를 하던 때의 일이다. 요양원에 입소해 있던 한 남성이 전기코드를 목에 감고 자살을 시도한 것이다.

그 광경을 발견한 간병인의 비명을 듣고 방으로 뛰어가 보니, 전기코드를 목에서 막 벗겨낸 남성이 침대 위에 웅크리고 앉아 있었다. 둥그렇게 말린 그의 등이 얼마나 작게 보이던지……

그 노인에게는 가족이 거의 면회를 오지 않았다. 그 때문에 느끼는 고독감과 버려졌다는 두려움이 컸던 게 아니겠냐며 간병인은 안타까워했다. 요양원에서는 그 전날, 한때 근처 마을의 이장이었다는 한 입소자가 사망하여 그 시신을 은밀하게 외부로 반출시켰다. 그것도 남성의 자살충동을 자극했을지 모른다.

빨리 발견한 덕분에 미수로 끝났지만, 그로부터 얼마간 요양원의 분위기는 뭐라 표현할 수 없을 만큼 무겁고 어두웠다.

자기부정의 극치라 할 수 있는 자살이라는 행위는 인생의 황혼기에게도, 아니 그가 인생의 황혼기에 있었기에 더더욱 그 슬픔이 크게 다가왔다. 그리고 노인의 자살행위도 젊은 사람의 자살과 전혀 다를 바 없는 깊은 상처를 주위사람에게 준다는 사실을 알았다.

아이나 청소년이 자살하면 매스컴이 대서특필하기 때문에, 미성년자의 자살이 사회의 큰 문제인 것처럼 사람들은 인식하고 있다. 하지만 실제로는 19세 이하의 자살자 수는 증가하지 않고 있으며, 자살자 전체의 점유율도 2퍼센트 정도에 지나지 않는다. 원인·동기별 숫자를 보더라도 학교문제를 원인으로 한 자살자는 1970년대를 절정으로 오히려 감소하고 있다.

그에 비해 그 수가 점차적으로 증가하고 있는 것은 50세 이상의 노장년층 사람들의 자살이다. 2000년에는 50대가 8,245명이고 60대 이상이 10,997명으로, 그 합계가 전체 자살자의 60.2퍼센트를 차지했다. 자살자 총수가 처음으로 3만 명이 넘은 98년에, 전년대비 가장 높은 성장을 보인 것도 50대와 60대 이상이었다.

자살이란 주로 노장년층 사람들의 문제인 것이다.

이 연령층의 자살급증에 대해, 전국 과로사네트워크사무국에 근무하는 카와히토 히로시 변호사는 『샐러리맨의 자살』이라는 책에서 지금의 일본 전체에 '중장년 왕따'라고 할 만한 분위기가 감돌고 있음을 지적하고, 그런 사회풍조의 만연이 자살자들로 하여금 자신이 사회로부터 버림받았다는 절망감을 느끼게 하는 것은 아닐까 하는 의문을 제시하고 있다.

일본인의 자살률은 지금 10만 명당 26명. 이것은 세계적으로 보더라도 최악의 부류에 속한다. 자살률은 나이가 많아질수록 높아지기 때문에, 노장년층의 자살을 이대로 방치한다면 인구의 고령화와 더불어 더 높아질 것은 불을 보듯 뻔하다. '생명의 소중함'을 논하려거든 연령이 높은 층의 자살예방책을 먼저 마련하는 것이 급선무일 것이다.

그런데도 그러한 움직임은 여전히 보이지 않는다.

그것은 사회에 문제양상을 제시하고 그 문제의식을 다시 생각하게 해야 할 미디어 또한, 사회가 노장년층을 바라보는 것과 마찬가지 시선을 가지고 있어 그 세대의 구원의 외침에 둔해져 있기 때문이 아닐까?

일본경제의 장기불황을 논할 때, 능력주의나 철저한 자기 책임의 필요성과 관련하여 지금까지의 종신고용제나 연공서열제에 중장년층이 안주해 있다는 논조로 보도되는 경우가 있다. 그것은 마치 시대에 적응할 수 있을 만큼의 기능을 스스로 갖추지 못한 그들이 해고되는 것은 당연하다고 말하는 것처럼 들린다.

또 노인문제를 다룰 때도, 날로 증가하고 있는 노인의료비나 간병비용 등 사회의 부담과 간호의 어려움에 초점을 맞추는 경우가 많다. 거기에는 나이가 들어 몸이 불편해졌거나 치매에 걸린 사람들은 사회의 짐이라는 의식이 강하게 반영되어 있다.

　나 자신도 노인의 자살미수 현장을 목격했을 때, 그 당사자의 생각을 직접 들으려고 하지 않았다. 결국 부족한 일손으로 중노동인 간병에 분투하고 있는 직원들의 모습을 통해, 일본의 사회복지의 빈약함을 한탄하는 르포를 썼을 뿐이다. 신음하는 노인들 가까이로 한발 더 다가가는 르포를 쓸 생각 같은 것은 아예 해보지도 못했다.

　낸시 J. 오스굿은 『노인과 자살』에서 젊고 유용한 사람들이 부족한 자원을 쓸 수 있도록, 더 이상 유용하지도 생산적이지도 않은 사람은 희생되어야 한다, 혹은 스스로 알아서 물러나야 한다는 사고방식이 미국사회에서 힘을 얻기 시작했다는 사실에 강한 우려를 표명하고 있다. 장기불황 속에서 급속도로 고령화가 진행되고 있는 일본에서도 그러한 경향은 현저하다.

　3년 연속 자살자가 3만 명을 넘고 있는 이상사태에도 불구하고 자살예방을 위한 시책은 제대로 검토되지도 않고, 그러한 사실을 미디어가 전혀 문제시하지도 않는 현실이 그 증거다. 왜냐하면 그것은 병자나 노인, 경제경쟁의 패자가 자살하는 것을 사회도 우리 미디어도 용인하고 있다고밖에 볼 수 없기 때문이다.

7
어느 부랑자의 대학노트

그것은 특이한 유서였다.

아직은 이른 봄이었을 무렵, 공원의 가로수에 목을 매 죽은 부랑자가 남긴 것이다.

그가 65세였던 겨울부터 67세에 자살하기까지의 1년여 동안에 가끔 생각나면 쓴 일기처럼, 동생들에게 보낸 작별의 말이 대학노트에 구구절절 기록되어 있었다.

"(전략). 너무 많은 신세를 졌습니다. 이 몸 65세까지 살아왔습니다만, 요즘 들어 체력이 떨어지고 오토바이에서 떨어져 다친 오른쪽이 아프고, 게다가 당뇨병도 악화되어 밤이고 낮이고 물이 없으면 입안이 타고 깔깔해서 잠도 못자고, 당뇨의 합병증인 무좀 때문에 오른발 뒤꿈치가 심하게 상해서 신발도 못 신는 상태입니다.

5년 전에 한 대장검사에서 3년쯤 지나면 수술을 해야 한다고 했는데, 요즘에는 혈변도 나오고 또 눈꺼풀이 처져서 작은 글씨도 안 보이는 등 몸이 너무 쇠약해져서, 앞으로의 생활에 점점 자신이 없습니다.

먼저 가는 불행을 용서하세요.

작년 8월쯤부터 부랑자 생활을 시작해서 동생들에게는 본의 아니게 폐를 끼쳤습니다.

자식들도 한번은 만나고 싶지만, 15년 넘게 모른 척 내버려둔 죄인이 이제 와서 무슨 자격으로 욕심을 내겠습니까? 그저 시간이 좀 지나면 병사했노라고 전해주세요."

첫 번째 '유서'에는 그렇게 씌어있었다.

반년에 걸친 부랑자 생활과 체력약화로 고통스러워하다, 스스로 목숨을 끊자고 결심하게 만든 절망감이 글 속에서 그대로 묻어났다.

하지만 그 당시 그는 죽지 않았다. 그리고 2개월 정도가 지난 어느 날, 그는 다시 다음과 같은 유서 비슷한 글을 그 노트에 남겼다.

"지난달부터 이런저런 생각도 많고 돈도 없어졌을 때, 길가에 버려진 차 속에서 1개월 정도 생활했습니다. 길게는 1주일 정도 물만 마시고 살면서 하다못해 밥만이라도 배불리 먹고 싶다거나 이것저것 먹고 싶다는 생각이 간절했는데, 원하는 것은 먹었습니다. 동생들의 건강도 나처럼 나이가 들수록 약해질 것이니 부디 조심하세요."

첫 번째 '유서'를 쓴 후에도 힘든 생활은 변함없이 계속되었다는 것을 엿볼 수 있다.

세 번째 '유서'에는 그로부터 겨우 3일 후의 날짜가 기록되어 있었다.

우체국에 담보로 맡겨둔 연금통장의 비밀번호를 써놓고,

거기서 6만 엔을 인출해 화장비용으로 써달라고 부탁한 다음, 이렇게 쓰고 있었다.

"목구멍에 곡기를 넘기며 살아도 별반 다를 게 없으니, 요즘에는 포기하고 그냥 편안해지고 싶다는 생각뿐입니다. 체력이 없으니 한밤중에 들개의 습격을 받아도 다리가 말을 듣지 않습니다. 이제 때가 된 거겠지요. 돈이 있을 때는 길 가다가 돈을 줍기도 하는데 돈이 없을 때는 동전 한 닢도 보이질 않습니다. 더 이상 무슨 말을 해도 무의미하니, 여기서 그만 줄일까 합니다."

그러고도 그 남성은 죽지 않고 살아서, 이 '유서'를 쓰고 한 달 후에 네 번째 '유서'를 썼다.

"빨리 편안해지자고 그 생각만 했는데, 역시 이 세상에 미련이 남은 걸까요? 목숨만은 연명하고 있지만 운이 나쁠 때는 자전거까지 뒤 타이어가 터지고, 갈 곳도 없고 식량조달도 안 되고 만사가 엉망입니다. 이 글을 쓰기 시작한 것이 65세 때였는데, 3월도 지나 66세를 맞이했습니다. 되는 일이라곤 하나도 없고 그저 나 자신이 비참해 견딜 수가 없습니다.

골든위크(4월 말부터 5월 초순까지의 황금연휴 - 옮긴이)까지는 살려고 했는데 오늘이 마지막이 될 것 같습니다."

이 유서에 뒤이어 페이지도 바뀌지 않은 채 다섯 번째 '유서'가 쓰여 있었다. 날짜는 네 번째 '유서'에서 2개월이 지나 있었다.

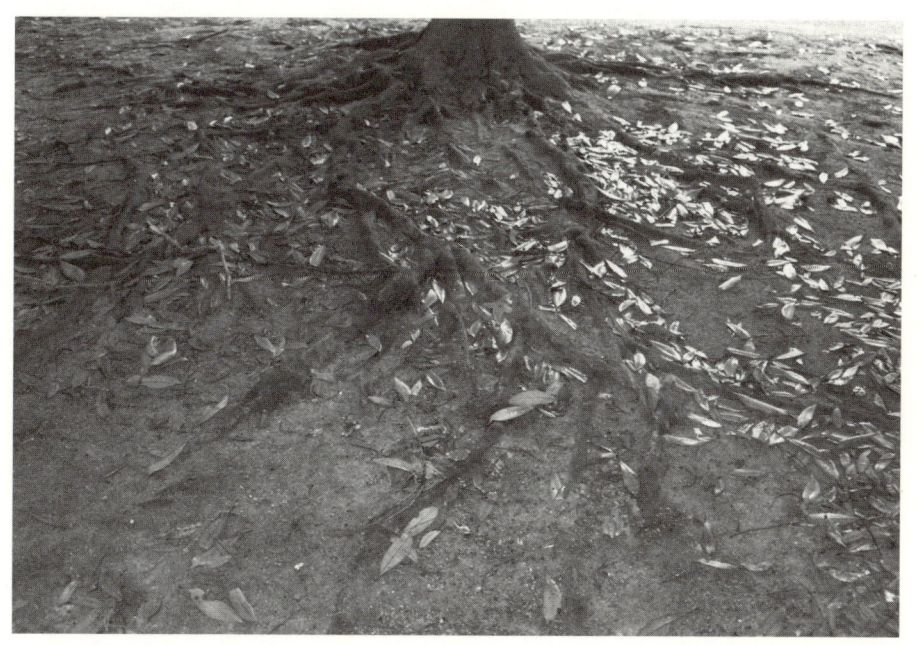

"더워져서 식량사정도 나쁘고 또 몸에 난 종기가 심해져서 약을 먹어도 소용이 없고 고통스럽기만 합니다. 앞날이 캄캄할 따름입니다.

집이 없는 것이 무엇보다 힘듭니다. 돈이 있을 때는 목욕도 식사도 할 수 있지만, 한달에 10만 엔 정도로 생활을 해야 하는데 사우나와 숙박은 하루에 아무것도 안 먹고 잠만 자는데도 3천 엔 정도가 들고, 식당의 식비도 너무 비싸서 4~5천 엔이 금방 없어집니다. 밖에서 사먹어도 모든 것이 너무 비싼 시대입니다.

뭐라고 호소하고 싶은 마음은 굴뚝같은데 아무 생각도 나지 않습니다.

인생에 지쳤습니다."

그 후 얼마간은 그런대로 평온한 나날이 계속되었던 것일까? 여섯 번째 '유서'는 그로부터 6개월 후, 해가 바뀐 뒤에 씌어졌다.

"이제는 정말로 가야지 생각하고 마지막 펜을 듭니다.

마지막까지 못난 남자라서 죄송합니다.

이것으로 66세 인생을 마치고자 합니다. 죽기 전에 동생들의 모습을 보고 싶었습니다.

구제불능의 형이라서 정말 미안합니다. 아직 하고 싶은 말이 많지만 눈물이 멈추지 않아 쓸 수가 없습니다.

지금은 아직 날이 저물기 전인 오후 6시인데, 9시쯤 사람들 모습이 사라지면 그때 가고자 합니다."
  이 '유서'에는 시신처리에 대해 상세하게 쓴 메모가 경찰 앞으로 남겨져 있는 걸로 보아, 자살의지가 어느 때보다 강했던 것을 알 수 있다.
  하지만 그는 이때도 자살을 결행하지 않았다. 그리고 진짜 자살을 결행하기까지인 그로부터 한 달 반 동안에 그는 세 통의 '유서'를 노트에 더 쓰게 된다.

8

부디 나의 고통을 알아다오

"어언 2년 정도를 어찌어찌 살아왔습니다만 오늘은 마지막입니다. 기력이 없고 체력이 없고 돈이 없고, 행로병자가 되기 전에 스스로 끝내고 싶어졌습니다. 앞으로 1주일 정도 지나 67세가 될 때까지 어떻게든 살아보고자 했지만 정말 끝입니다. 아직 추위가 가시지 않아 몸이 힘듭니다. 따뜻해지면 좀 나을까요?
  내 이름으로 얼마간의 빚은 있지만 동생들 앞으로 된 빚이나 보증은 없습니다.
  앞으로도 살아 있어도 먹고 자며 하루하루 연명하는 인생이겠지요.
  몸이 말을 듣지 않아 더 이상 음식도 먹을 수 없고, 이 글을 쓰기 시작해 2년여가 되지만 오늘로써 마지막이 될 것입니다."
  공원의 가로수에 목을 매 죽은 부랑자가 대학노트에 남긴 일곱 번째 유서에는 그렇게 적혀있었다. 그때까지 1년여에 걸쳐 띄엄띄엄 써온 일곱 통의 '유서' 중에서, 이 일곱 번째 '유서'의 글씨가 가장 엉망이었던 것으로 보아 갈등이 꽤 심했으리라 짐작된다.

숨겨진 풍경

하지만 그는 이때도 어찌어찌 견뎌냈고, 그로부터 6일 후인 67세의 생일로 추정되는 날에 여덟 번째 '유서'를 썼다.

"67세까지 어찌어찌 살았습니다만, 좋은 날도 좋은 나이도 아니었습니다. 전화 걸 돈도 없고 돈을 빌릴 데도 없이 끝입니다. 2년 넘게 참 잘도 버텼다고 생각합니다. 마지막으로 따뜻한 음식으로 배라도 채우고 끝내고 싶었습니다. 건강한 모습으로 동생들을 한번 만나고 싶었습니다. 염치없는 생각이지만.

요 며칠 너무 추워서 낮에도 밤에도 잠을 못자 체력이 한계에 달했습니다. 연금을 받으니 복지기관에도 맘대로 가지 못하고, 시영주택도 좀처럼 얻어지지 않으니 세상은 참 냉정합니다. 체면도 뭣도 없지만, 술도 안 먹고 오로지 끼니 때우는 것만이 즐거움이었는데 20킬로나 빠진 상태에서 끝내야 하는 것이 안타깝습니다. 여기서 보낸 2년 동안이 꼭 20년처럼 느껴집니다."

그리고 마지막으로 아홉 번째 유서를 쓴 후, 마침내 그는 진짜 자살을 결행한다.

"오늘은? 아마도 15일. 추위와 배고픔 때문에 너무 힘듭니다. 공원에서 만난 ○○씨에게 천 엔을 빌려서 컵라면, 주먹김밥, 커피 등을 사서 한껏 배불리 먹었습니다.

요 며칠 비바람으로 몸을 피할 곳도 찾지 못하고 쇠약해질 대로 쇠약해졌습니다. 2년여 동안 이런 생활을 반복하면서도 큰 병도 걸리지 않고 잘도 버텨왔다 싶습니다. 작년에는 이 정도 기후에도 거뜬히 버틸 수 있었는데, 체력이 많이 약해졌습니다. 줄곧 배고픔으로 힘들어해서 그러니 화장할 때 먹을 것 좀 넣어주세요.

요일도 날짜도 정확히 모르겠지만 대충 15일이라고 짐작하는 현재 오후 5시 30분, 나에게는 좋지 않았던 인생이었지만 동생들은 좋은 인생을 사시기 바랍니다."

아무리 고통스럽고 아무리 '죽고 싶은 기분'이 든다고 해도, 사람은 결코 죽고 싶을 리 없다. 그래도 그대로 방치되면 고통을 견디지 못하고 결국에는 죽음을 선택하고 만다. 이 아홉 통의 '유서'는 그것을 너무나 적나라하게 보여주고 있다.

그 부랑자가 남긴 대학노트에는 이 '유서'들 외에는 거의 아무것도 씌어있지 않았다고 한다. 1년 이상에 걸쳐 그는, 죽고 싶을 때마다 동생들을 그리워하며 '유서'만을 써왔던 것이다.

사람은 막다른 곳에 몰려 자포자기하고 싶어질 때, 누군가가 말없이 이야기를 들어주기만 해도 격정이 가라앉고 안정을 되찾는다.

그것은 토해내듯 털어놓는 자신의 심정을 누군가 부정하지 않고 들어줌으로써, 나를 이해해주었다, 나는 고독하지 않다고 안심하기 때문이다. 자신의 이야기를 누군가가 들어주고 인정받는 경험은 살아가는 데 있어 가장 절실한 필요인 것이다.

 자살한 이 부랑자는 가장 힘들 때면 항상 동생들을 떠올렸고, 그들에게 남기는 유서를 씀으로써 자신의 힘든 상황을 호소했던 것이리라. 그렇게 마음속에 간직하고 있는 동생들에게 그 고통을 알림으로써 자살의 위기를 극복했던 것은 아닐까?

 하지만 그 내적대화만으로는 끝까지 자신을 지탱할 수 없었고, 아홉 번째 유서를 쓴 후 마침내 자살을 결행했다. '유서'는 '부디 나의 고통을 알아다오!'라는 영혼의 외침이었던 것이다.

 첫 번째 유서가 쓰인 것은 부랑자생활에 접어들어서 반년 후. 그 후 1년 이상에 걸쳐 마음속으로 외치고 또 외쳤다. 하지만 그 소리는 결국 그 누구의 귀에도 가닿지 못했다. 사회에 퍼져 있다는 안전구조네트워크도 그의 외침소리를 포착하지 못했다.

 '뭐라고 호소하고 싶은 마음은 굴뚝같은데 아무 생각도 나지 않습니다'라고 다섯 번째 '유서'에 씌어있는 것처럼, 그는 자신의 외침을 전달할 기력도 방법도 가지고 있지 않았기 때문이다.

 이 남성뿐만 아니라 병고나 노환, 생활고나 정신장애 등으로 인해 자살의 위기에 직면해 있는 사람들의 대부분은 무력감에 지배되어 자신의 필요를 호소할 능력을 이미 상실한 상태다. 가장 절실한 필요를 가지고 있는 사람이 그 필요를 호소할 방법을 가지고 있지 못한다는 현실이 있을 뿐이다. 그 소리 없는 소리를 듣고자 누군가가 귀를 기울이지 않는 한, 그들은 결코 구원받지 못한다.

그런데 우리는 귀를 기울이기는커녕 쾌적함과 질서를 위협하는 방해자로 그들을 인식하고, 주변에서 그 존재 자체를 배제하려 하고 있다.

자신이 그 같은 상황에 처할 일은 절대 없다고 확신이라도 하듯.

9
마음이 피를 흘리는 시대

자살 예방책을 고려할 때 사람이 어떤 심리상태에서 자살하는지를 파악하는 것이 가장 중요하다.

자살자의 유서나 일기를 분석하고 유족이나 친구들의 상세한 심문조사를 통해 자살에 이르게 된 심리적 궤적을 쫓는 것을 '심리학적 부검'이라고 하는데, 구미에서는 반세기 전부터 그런 연구를 거듭해왔다. 말 그대로 자살자의 마음을 해부하고 거기서 얻어진 견해를 예방에 반영시키고자 해온 것이다.

하지만 일본에서는 지금까지 그런 연구가 거의 이뤄지지 않았다.

정신과의사인 쵸 요시노리가 94년에 국내에서 처음으로 비슷한 조사를 시도했을 때도 사생활이라는 벽에 부딪쳐 행정의 협력을 전혀 얻지 못했다고 한다. 궁여지책으로 자신이 소속해 있던 테이쿄대학병원의 구명구급센터에서 죽은 자살자를 추적한 형태로 조사했는데, 조사대상으로 삼은 93건의 사례 중 3분의 1은 자살발생 후에 유족이 이사를 가서 추적이 불가능했고, 다른 3분의 1은 유족이 면접조사를 거부. 결국 유족과 만나 이야기를 들을 수 있었던 것은 3분의 1인 31건에 불과했다고 한다.

　나의 취재에 응해준 어느 유족도 자살이 발생한 직후 이사를 했다. 당시 초등학생이었던 자녀의 귀에 주위의 무책임한 소문들이 들어갈까 염려해서였다. 과중한 업무에 시달리고 지나친 스트레스로 인한 반응성 우울증에 걸려, '미안하다'는 한 마디만을 남긴 채 익사한 전형적인 과로자살이었다. 그 죽음은 나중에 노동자재해보상보험에서도 인정받았다. 그럼에도 불구하고 '일을 못했기 때문' '심약한 사람이라서' 등, 자살자 본인의 책임으로 돌리는 듯한 이야기를 그의 아내는 몇 번이나 들어야 했다고 한다.

　그 유족은 아주 가까운 친지에게만 새 주소와 전화번호를 알려주었다. 그런데도 노동자재해보상보험에서 인정받게 된 직후부터 아무도 신청한 적이 없는 고가의 택배가 이사한 곳으로 착불로 배달되기 시작했다. 수십 만 엔 하는 물건이 하루에 두 개나 배달된 적도 있다.

　자살한 사람의 유족이 그 정당성을 주장하는 것은 말도 안 된다고, 숨죽이고 조용히 살라고 협박이라도 하는 듯한 노골적인 야유. 세상의 자살자에 대한 시선이 어떤 것인지, 이 사실 하나로도 충분히 알 수 있다.

　20년 전부터 과로자살의 문제에 심혈을 기울여온 자치노 공무재해인정 문제연구회 고문인 쇼지 슈이치는 이렇게 말한다.

"자살자의 유족은 비굴해지고 자부심을 잃기 쉽다. 대부분은 마치 순교자와 같은 생활을 보내고 있다. 그것은 곧 희생자를 다수 배양하는 셈이다.(세상의 시선이 자살자의 유족에게 그것을 추구하고 있는 현실이 엄연히 존재하기 때문에) 자살이 발생하면 어떻게 해서 재발을 예방할 것인가를 숙고하고, 동시에 남겨진 사람이 자신을 비하하지 않고 인간답게 살아갈 수 있도록 하기 위해서는 어떻게 해야 할 것인가, 그 방법을 찾는 것이 무엇보다 중요하다"

한 마디 '미안하다'는 유서를 남기고 자살한 예의 남성은, 죽기 4개월 전부터 직장에 나갈 수 없게 되어 정신과 치료를 받고 있었다. 반응성 우울증이라고 진단한 의사는 직장의 상사를 불러 자살의 위험이 있으니 당장 몇 개월간의 휴식을 취하게 해달라고 부탁했다.

그 후 아내도 직장을 찾아가 병가를 신청했지만, 상사는 '승진에 악영향을 미칠 것'이라며 유급휴가 기간 중에 복귀할 것을 강요할 뿐이었다고 한다.

결국 남성은 휴가를 얻은 지 2주 만에 직장에 복귀했다.

"괴로운 표정으로 중얼거리던 남편의 말이 귀에서 떠나지 않아요. 남편은 '사고나 부상이나 위궤양 같은 신체적 질병이었다면 당당하게 쉴 수 있을 텐데'라고 말하곤 했어요. 지금의 저라면 틀림없이 도울 수 있었을 거예요. 우울증은 결코 부끄러운 병이 아니니까 당당하게 쉬라고 말해줬을 텐데. 하지만 그 당시에는 지식도 없고 남편 월급에만 의존하던 생활이어서, 아무것도 해주지 못했어요."

그 남성의 아내는 자책하는 기색이 역력한 표정으로 말했다.

구미에서 실시한 심리학적 부검에서는 자살자나 자살미수의 80퍼센트 이상이 결행 당시 어떤 형태로든 정신질환에 걸려있었다는 결과가 나와 있다. 특히 우울증과 자살 간의 강한 상관관계가 지적되고 있고, '우울증'은 생명이 걸린 병이라 하여 여러 가지 예방조치가 취해진다고 한다.

지금까지 소개해온 유서의 대부분도 질병과 노령화, 경제적 어려움 등을 원인으로 하여 결과적으로 우울증 상태에 빠져있었다는 것을 보여주는 것들이었다.

일본에서도 자살과 우울증 등 정실질환과의 관계는 막연하게나마 인식되고 있다. 하지만 그것이 예방대책으로 연결되기는커녕 오히려 정신질환에 대한 편견과 관련지어서 자살자와 그 유족을 백안시하는 근거가 되고 있다.

유족이 자살이라는 사실을 감추고 비굴하게 살 수밖에 없는 것은 그 때문이다. 그 결과, 심리학적 부검 같은 자살연구도 충분히 이뤄지지 않고 자살예방대책도 마련되지 않고 있다.

쇼지 고문은 말한다.

"노동자재해보상보험이라고 하면 옛날에는 부상을 입어

몸에서 피가 나는 경우를 말했다. 그러던 것이 지금은 마음이 피를 흘리는 형태로 바뀌었다. 그런데도 편견은 그대로이다. 거기에 가장 큰 문제가 있다."

지식이 없었기 때문에 도와주지 못했다. 그런 한탄을 앞으로 얼마나 들어야, 우리는 악순환의 사슬을 끊을 수 있을 것인가?

10
금기를 극복한 작은 마을

　자살방지를 위한 노력이 거의 없는 일본에서 정신과 전문의와 행정, 그리고 지역의 의사와 간호사가 하나가 되어 자살예방활동에 앞장서서 극적인 성과를 거두고 있는 보기 드문 예가 니가카 현에 있다. 니가타 시에서 남서쪽으로 130킬로미터, 나가노 현과의 경계에 위치한 인구 3,200명이 안 되는 히가시구비마 군 마츠노야마라는 작은 마을이다.
　일본 유수의 호설(晧雪:흰눈)지대에 있는 이 마을은 인구가 해마다 감소하고 있음에도 불구하고 65세 이상의 노인인구는 증가하고 있어, 전체 인구의 40퍼센트가 노인이다.
　이 일대는 노인자살의 다발지역으로 알려져 있어 사회학자의 조사대상이 되기도 했는데, 체계화된 예방활동은 전혀 이루어지지 않았다. 마을에는 진료소의 의사가 한 명, 간호사가 세 명 있을 뿐, 정신과 전문의는 마을에는 물론이고 군내에도 없었다.
　계기가 된 것은 85년 5월에 발생한 104세 할머니의 자살. 그 전날과 4월에도 그 마을에서는 80대 노인이 자살했고, 마침내 100세가 넘은 장수자까지 자살했다는 사실에 충격을 받은 현의 정신위생센터와 니가타대학의 정신의학교실이 '이

대로 두고 볼 수는 없다'고 팔을 걷어붙인 것이다.

　이 지역 노인의 자살률이 높은 이유로는 호설이나 인구격감 등이 거론되었다. 하지만 지금까지도 확실한 인과관계는 밝혀지지 않고 있다. 구미의 연구에 따르면 노년기의 자살과 우울증 사이에 높은 상관관계가 있다고 보지만, 그것이 이 지역의 경우에도 해당된다고는 단언할 수 없었다. 그래서 먼저 우울증과 자살의 관계를 파악하기 위해 마을의 노인 전체를 대상으로 우울증 역학조사를 실시했다.

　그런데 그 조사를 하는 동안에도 노인의 자살은 계속되었다. 결국 85년에 이 마을에서 자살한 노인은 6명, 86년에도 6명이 있었다. 당시 마을의 노인인구가 약 900명이었던 것을 감안하면 얼마나 높은 비율인지 알 수 있다.

　우울증과 자살의 관계가 조사를 통해 확인되는 것을 마냥 기다리고 있을 수 없게 되자, 86년 11월에 드디어 자살예방활동이 시작되었다. 노년기의 자살과 우울증과의 관계가 긴밀하다면, 우울증을 앓고 있는 사람을 찾아 치료하면 자살을 예방할 수 있을 것이라는 가설에 근거하였다.

　"자신이 있었던 건 아닙니다. 우울증을 앓고 있는 사람을 찾아 치료함으로써 한 사람이든 두 사람이든 자살자가 감소해주길 바랄뿐이었습니다."

　예방활동에 참가한 니가타대학의 다카하시 쿠니아키 의사는 이렇게 말한다.

예방은 다음과 같은 순서로 이루어졌다.

모든 노인을 대상으로 우울증 징후를 파악하기 위한 설문지조사를 실시한다. 그 결과를 토대로 우울증이 의심되는 사람을 정신과의가 면접하고, 자살의 우려가 있는 사람을 골라내어 치료와 복지문제 해결 등의 방침을 세운다. 그 방침에 따라 진료소의 의사와 간호사가 투약과 치료를 실시하고, 병상이 악화된 경우는 외부의 정신의료기관에 소개한다.

간호사들은 자살의 위험이 있다고 보이는 노인들 집을 자주 방문해, 일단 그들의 이야기를 수긍하면서 들어주도록 노력했다고 한다. 그 노인이 처해있는 상황을 파악함과 동시에 마음 편하게 상담할 수 있는 관계를 만들기 위해서다. 고독감에 시달리고 있는 노인은 재활교실이나 생활치료에 동참하게 하는 등 자연스럽게 친구를 만들 수 있도록 도와주었다.

효과는 즉시 나타났다.

예방활동이 본격화된 87년, 노인의 자살은 단 한 건도 발생하지 않았다. 그 다음해인 88년에도 한 사람뿐이었다.

반신반의했던 활동의 의의를 스태프도 마을사람들도 확신하게 되었다. 예방활동은 그렇게 궤도에 올랐다.

70년부터 86년까지의 17년간, 마츠노야마의 노인자살률은 10만 명 당 434.6명이었다. 그랬던 것이 87년부터 96년까지인 10년 동안 123.1명으로 약 4분의 1로 격감했다. 활동은 지금도 계속되고 있는데, 97년 이후에도 노인의 자살은 연간 0~1명

수준을 유지하고 있다고 한다.

건강악화나 반려자와의 사별, 직장에서의 은퇴나 생활고 등 우울증을 유발하는 요인을 제거하기는 분명 불가능하다. 하지만 그 사람의 '죽을 수밖에 없다'는 극단적인 생각을 정면에서 응시하고 적절한 대응만 해준다면, 대부분의 사람은 자살의 늪에서 살아나올 수 있다. 마츠노야마의 자살예방활동은 그것을 가르쳐주고 있다.

다카하시 의사는 이렇게 말한다.

"처음에는 왜 정신과의가 우리 일에 개입하느냐는 강한 거부반응에 직면했습니다. 어쨌든 테마는 자살. 우리 질문에 가족들 앞에서 노인이 '죽는 게 낫다'고 대놓고 말하거든요. 이야기를 꺼내는 것조차 거부하는 상태였어요. 이런 금기야말로 일본에서 자살예방이 진행되지 못하고 있는 최대의 장애물. 그것을 극복하지 못하는 한 리스크가 높은 사람을 골라 위기구출 네트워크를 구축하기란 불가능합니다. 마츠노야마에서는 자살이 많은 현실을 마을주민들이 직시할 수 있게 하고, 자살을 터놓고 이야기할 수 있도록 함으로써 길이 열린 것입니다."

마츠노야마에서 예방활동의 최전선에 있었던 간호사 중 한 사람인 다카하시 쥰코는 이렇게 말한다.

"피하지 않고 예방활동에 적극 참여하는 동안, 어떤 사람이 자살위험이 높고 그 경우 어떻게 대처해야 하는지 알게 되었어요. 우리는 이전에 자살은 어떻게 해볼 수 없는 문제이고, 슬프지만 받아들일 수밖에 없다고 생각했어요. 그랬던 것이 지금은 자살은 예방할 수 있다고 의식이 바뀌었어요. 이건 큰 변화라고 생각해요."

금기를 극복한 조그마한 마을에서 우리가 배워야 할 점은 참 많다.

11
그럼에도 불구하고 '살자!'

　각지의 구명구급센터로 사고나 돌발적 질병으로 쓰러진 사람들에 섞여, 자살을 시도했다가 중상을 입은 사람들도 상당수 실려 온다.
　후쿠오카 시 죠난 구에 있는 후쿠오카대학병원 구명구급센터도 그런 시설 중 하나다. 92년 6월에 설치된 이래 2000년 말까지 7,387명의 중상환자를 받았는데, 그 중 4퍼센트에 해당하는 292명이 자살을 시도한 사람들이었다. 수용환자 중 차지하는 그 비율은 98년부터 급증해서 99년에는 6.5퍼센트, 2000년에도 5.6퍼센트를 기록했다.
　동 대학병원 정신과의인 이시이 히사노리 의사가 남긴 진료기록을 토대로 조사한 결과, 자살방법으로 가장 많았던 것은 약물복용이 80명, 다음으로 투신이 58명, 농약 등 독극물의 경우가 53명, 목을 맨 경우가 34명, 칼 같은 흉기를 이용한 경우가 31명이었다.
　그런데 약물복용으로 자살을 시도했다 센터에 수용된 80명 중, 실제로 죽은 사람은 한 사람뿐이다. 흉기의 경우도 31명 중 두 사람뿐이었다. 독극물 복용의 53명에 대해서도 80퍼센트가 넘는 43명은 목숨을 구했다. 치사성이 높고 거의 확실하게 죽을 수 있다고 보는 액사(縊死:목을 매어 죽음) 조차도 14퍼센트에 해당하는 7명은 구명되었고, 투신자의 경우는 58명 중 60퍼센트인 35명이 살았다. 결과적으로 이곳 센터가 수용한 자살기도자 292명 중 사망한 것은 4분의 1인 75명이다. 나머지 217명은 살아서 퇴원했다.

구명구급센터로 운반되어오는 사람은 생명이 위독한 중환자에 한한다. 그럼에도 불구하고 그 구명률이 이처럼 높다. 일반병원에서 치료하고 있는, 그 정도로 위독하지 않은 자살기도자의 대부분은 목숨을 구하고 있다고 보는 것이 자연스러울 것이다.

사람은 막상 죽으려고 해도 좀처럼 죽지 못하는 동물이다. 한 사람의 자살자가 발생하기까지 배후에는 10명의 미수자가 존재한다는 말도 납득이 간다.

이곳 센터에서 근무하고 있는 고토 에이이치 조교수는 말한다.

"투신자살을 시도해도 좀처럼 죽지 않는 것은 머리부터 떨어지지 않기 때문입니다. 죽을 결심으로 뛰어내리지만, 그래도 역시 무서운 거겠죠. 대부분의 사람은 다리나 엉덩이부터, 아니면 고양이처럼 두 팔과 두 다리가 동시에 지면에 닿는 형태로 떨어집니다. 그러니 여기저기 뼈가 부러지고 장기가 파열돼도, 목숨을 부지하는 사람이 꽤 있습니다."

자살의 명소였던 샌프란시스코의 골든게이트 다리에서 뛰

어내리는 사람은, 예외 없이 샌프란시스코시가를 마주보는 만 쪽에서 뛰어내리지 태평양 쪽으로 몸을 던지는 사람은 없었다고 한다.

이 다리에서 뛰어내려 살아난 사람은 없지만, 그래도 현세에 대한 미련이 남아 저도 모르게 그렇게 하게 되는 것이라고 미국 자살학의 거장인 E.S. 슈나이드만은 추측한다.

자살을 시도한 사람이 아무리 자신은 '살 가치가 없는 존재'라고 비하하고 '죽고 싶다'는 기분에 사로잡혀 있다고 해도, 의식의 저변에는 반드시 '살고 싶다'는 욕망이 숨겨져 있다.

하지만 '살 가치가 없는 존재'에게 '살고 싶다'는 바람은 허용되지 않는다. 그러므로 갈등이 발생한다.

'죽고 싶다'는 기분에 빠진 사람이 만에 하나 '살고 싶다'는 욕망과 아무런 인연도 없다면, 어떠한 주저도 미련도 없이 죽어갈 것이다. 하지만 자살기수든 미수든 상관없이 자살행위의 대부분은 결코 그렇지 않다는 것을 사실이 말해주고 있다.

츠루미 와타루는 『완전자살 매뉴얼』이라는 책에서 이런 말을 했다.

"보잘 것 없는 매일이 '지루하게 계속되는 날의 반복'으로 '우리 한 사람 한 사람이 무력하고 있으나마나한 존재'인 이상, 그저 살아 있다는 것에 별다른 의미는 없다. 그러므로 적

당한 곳에서 인생을 마감해버리는 자살은 '아주 긍정적인 행위' 다"라고.

확실히 츠루미가 말한 것처럼 자신이 있으나 없으나 세계는 아무것도 달라지지 않고, 인류의 역사 속에서 그 인생이 어떤 의미를 갖는 것도 아니다. 그렇다면 고통에 시달리면서까지 살아갈 필요는 없을 것이다.

그럼에도 불구하고 사람은 살고자 한다.

곤궁의 밑바닥에 떨어져 몇 번이고 '이제 끝내겠다'고 쓰면서까지, 부랑자인 한 남성이 1년 이상을 살아남았던 것은 왜일까?

대부분의 자살자가 뒤가 켕기는 것처럼 유서에서 시종일관 용서를 구하는 건 왜일까?

'죽을 수밖에 없다'는 극단적인 생각을 정면으로 응시해주고 손을 내밀면, 많은 사람이 자살하지 않고 사는 것은 왜일까?

죽음을 결심하고 몸을 내던지면서까지 팔다리부터 땅에 떨어지는 것은 왜일까?

그것은 바로 자아를 초월한 깊은 곳에서 발산되는 '살아라!'라는 목소리가 그들의 귀에도 들렸기 때문이다.

왜냐하면 태곳적부터 오늘날까지 그 목소리에 순종해왔기에 비로소 생명은 연면히 이어져왔기 때문에.

뜻대로 안 되는 현실을 만났을 때, 사람은 자신의 무력감과 왜소함에 직면한다. 그것을 비대화한 자아는 현실을 인정하지 못하고 스스로를 살 가치가 없는 존재라고 낙인찍는다.
 하지만 그럴 때도 조건 따위 일절 묻지 않고 전면적으로 '삶'을 긍정하는 그 목소리는 틀림없이 들려온다.

"왜소하고 무력한 존재라도 좋다.

타인의 도움을 받아도 좋다.

살 수 있는 한 살아라!"

그 목소리를 믿고 따라야 한다.

부록 | '죽음'을 '삶'으로
승화시키기 위하여

이 원고는 2002년 10월 6일에 나가사키 현의 하우스텐보스에서 열린 일본수의공중위생학회 규슈연맹대회 공중위생부회의 기조강연에서 발표한 것입니다. 규슈 각지에서 약 200명의 수의사 여러분이 참가하였고, 강연 후 여러 선생님의 간단한 발표와 그것을 토대로 한 토론회가 열렸습니다.

안녕하십니까, 방금 소개받은 후쿠오카입니다.

공중위생업무에 종사하시고 계신 수의사 여러분은 광우병 문제 등으로 작년부터 올해에 걸쳐 가장 힘들고 중대한 일을 담당해 오신 분들이라고 저는 생각합니다. 그러므로 그에 대한 감사와 격려의 말씀을 먼저 드리고 싶습니다.

감사합니다. 그리고 정말 수고하셨습니다.

저는 마이니치신문의 학예과라는 곳에서 기자로 일하고 있습니다. 여러분께도 나눠드렸습니다만, 재작년부터 작년에 걸쳐 『숨겨진 풍경』라는 르포를 신문 문화면에 연재하였습니다.

이것은 불필요해진 애완동물을 처분하고 있는 현장과 고기를 만들기 위해 가축을 처리하는 도축장을 취재하면서, 제가 느낀 것과 생각한 바를 글로 쓴 르포입니다. 신문에는 그 뒤로 자살한 사람들의 유서에 초점을 맞춘 「유서를 읽다」라는 시리즈가 계속 실렸습니다만, 여러분의 업무와는 직접적인 연관이 없는 관계로 그 부분은 나눠드리지 않았습니다.

주어진 시간이 50분밖에 없기 때문에 그 내용 전부를 말씀드리기는 불가능하고, 또 제가 말주변도 별로 없어서 르포의 진의를 충분히 전달할 자신도 없습니다. 그러니 관심 있으신 분은 시간 나실 때 꼭 한번 읽어보시기 바랍니다.

오늘 말씀드리고 싶은 것은 왜 이런 연재를 하자고 결심했는가 하는 동기와, 실제로 취재해보니 어떠했는가 하는 것, 그것을 통해 무슨 생각을 했으며 독자의 반응은 어떠했는가, 그리고 마지막으로 각 직장의 리더인 공중위생에 종사하고 계신 수의사 여러분에게 부탁드리고 싶은 것은 무엇인가를 말씀드리고 싶습니다.

고맙다 말하고 먹어야지!

먼저 이런 연재를 시작하게 된 동기에는 3가지 배경이 있습니다.

첫 번째는 어린 시절의 원체험입니다. 저는 1961년에 구마모토 현의 한 시골에서 태어났습니다. 초등학교에 들어가기 전까지, 고기라면 집에서 기르던 닭을 아버지가 죽여서 손질해주신 것이 고작이었습니다. 닭의 다리를 나뭇가지에 묶어 거꾸로 매달아놓고, 목을 식칼로 잘라 피를 빼내고 뜨거운 물에 불렀다 털을 뽑아낸 다음 해체합니다. 설날 전날에는 반드시 이 일련의 작업이 이루어졌습니다. 그렇게 만들어진 닭고기가 설날의 별미가 되었습니다. 우리는 그것을 얼마나 간절히 기다렸는지 모릅니다. 맛은 또 얼마나 좋았는지 모릅니다.

두 번째는 6년 전에 캐나다의 뉴콩 강의 지류를 카누를 타고 10일 정도에 걸쳐 내려갔을 때의 체험입니다. 강 주변에는 집 한 채 없고 길도 나 있지 않았기 때문에, 텐트를 치고 야영을 하면서 배를 저어 강을 타고 내려가야 합니다. 쌀은 가져

갔지만, 단백질은 현지조달, 즉 우리들이 낚은 물고기나 총으로 사냥한 새나 토끼 같은 것을 요리해서 먹어야 했습니다. 하루 종일 배를 저어야 하기 때문에, 얼마나 배가 고픈지 모릅니다. 그러니 밥맛이 꿀맛인 건 말할 것도 없고, 특히 고기가 먹고 싶어 견딜 수가 없습니다.

저희를 안내해준 것은 현지에서 원주민의 피를 이어받은 여성과 결혼해 가정을 꾸리고 사는 스코트라는 이름의 강안내자였는데, 그 스코트의 자연에 대한 태도가 아주 인상적이었습니다.

물고기를 비롯해 새나 동물 모두 자신들이 먹을 것 외에는 결코 잡지 않습니다. 잡아서 죽인 이상에는 고기 한 점 남기지 않고 깨끗하게 먹어주길 요구했습니다. 그리고 토끼의 두개골 등 남은 것을 강에 떠내려 보낼 때, 반드시 'Thank you!' 라고 말했습니다. 그것은 결코 의례적인 느낌이 아니라 마음 깊은 곳에서 우러나오는 진심이었습니다. 장난 반인 우리들과는 전혀 다른, 자연과의 관계방법이 아주 진지했습니다. 자연 속에서 생물을 잡아먹는 행위를 일상적으로 행함으로써, 우리보다 훨씬 자연과 깊은 관계를 맺고 있고 소중하게 생각하고 있다는 사실을 알 수 있었습니다.

그리고 세 번째가 이 연재를 쓰기 전에 실천했던 『즐거운 불편』이라는 르포에서의 체험입니다. 그 르포는 카고시마의 남방신사라는 출판사에서 책으로 출판해주셨는데, 그 책에는

「대량소비사회를 넘어」라는 부제목이 달려있습니다. 내용은 내 주변에서 실제로 편리한 것들을 조금씩 배제해감으로써 느낀 것, 생각한 것을 써가는 르포입니다. 문명의 시계를 거꾸로 돌림으로써, 지금의 소비사회의 문제점을 부각시킬 수는 없을까 해서 시작한 것입니다. 자전거로 집에서 회사까지 편도 1시간 정도 걸려서 매일 출퇴근하고, 엘리베이터를 이용하지 않고 계단으로 오르내리고, 외식을 하지 않고 직접 싼 도시락을 먹고, 자동판매기에서 음료수를 뽑아 마시지 않는 등 여러 가지 불편을 실천했는데, 그 '불편'의 실천항목 중에 무농약으로 쌀을 자급한다는 것이 있어서 저희 가족은 오리농법으로 벼농사를 지었습니다. 실제로 논을 빌려서 말이죠.

오리농법이란 모와 함께 오리새끼를 논에 풀어놓아 제초와 방충을 해결하는 방법인데, 최종적으로 벼를 수확한 후 다 큰 오리는 고기로 만들어 먹습니다. 다시 말해 밥과 반찬이 동시에 만들어지는 셈이죠.

그런데 논의 제초 등을 사람을 대신해서 해준 오리들을 잡아먹는 것은 너무 불쌍하다는 목소리가 일본에서는 강해서, 그 결과 농가가 오리를 잡아먹지 않고 강이나 호수에 풀어두어 흔히 오리공해라고 하는 사태가 발생하고 있습니다. 야생에는 원래 없었던 대형가축을 방생하는 것이니만큼 지역의 생태계가 변하게 되는 것은 당연한 귀결입니다. 이것은 지금의 일본의 상황을 아주 상징적으로 보여주고 있다고 생각합니다. 생물이나 자연과의 관계방법이 너무 이상해요. 왜 이렇게 이상해졌는가 하면, 그 근본에 '불쌍하다'는 말이 깔려있기 때문이 아닌가 하는 생각이 듭니다.

물론 저는 성장한 오리를 모두 잡아서 감사하게 먹었습니다. 저에게는 당시 초등학교 5학년과 유치원에 다니는 딸들이 있었는데, 그 딸들과 함께 오리를 잡고 해체했습니다. 고기가 어떻게 해서 만들어지는지, 그것을 직접 가르쳐줄 수 있는 절호의 기회라고 생각했으니까요.

오리를 위로 향하게 눕혀놓고 폐 부분을 두 손으로 힘껏 눌러서 숨을 쉬지 못하게 하여 질식사시키는, 프랑스에서 주로 이용되는 방법으로 도축했습니다. 제가 오리의 가슴을 짓누르고 있는 것을 아이들은 지켜보고 있었는데, 갑자기 큰애가 동생한테 "기도해"라고 하더니 둘이서 오리를 향해 두 손을 모으고 성불하라고 기도를 하더군요. 아이들도 모이를 주며 귀여워하던 오리였던 만큼 만감이 교차했을 거라 생각합니다.

도축한 오리는 뜨거운 물에 담갔다 털을 뽑고 해체합니다. 털을 뽑아 오돌토돌한 피부가 나오는 것을 보고 큰애가 "아아, 이래서 닭살이라고 하는구나! 처음 알았네!"라고 탄성을 지르더군요. 지금의 아이들은 그런 것도 모릅니다. 패키지나 캔으로 포장된 고기만 보아왔기 때문이겠죠. 그리고 그때 모래주머니를 잘라 그 안의 모래를 보여주었는데, 딸아이들은 모래주머니에 진짜 모래가 들어있다며 아주 신기해했습니다.

　해체하고 남은 잔고기로 스프를 끓여 먹었습니다. 일한 뒤에 먹는 식사인 만큼 맛도 꿀맛입니다. 딸들도 맛있다고 연호하며 먹었습니다. 먹으면서 "이렇게 맛있다고 말하면서 먹으면 오리들도 기뻐할 거야"라며 둘이 마주보고 웃더군요.

　두 번째 도축 때는 딸들도 직접 해보게 했습니다. 곧 울 것 같은 얼굴로 큰애는 혼자서, 작은애는 저와 함께 오리의 숨통을 끊어주었습니다. 이때도 그 자리에서 요리해 먹었는데, 딸들은 "고맙다 말하고 먹어야지!"라고 속삭이듯 말했습니다. 캐나다에서 스코트가 'Thank you'라고 말했던 것과 마찬가지로 딸아이들도 진심에서 한 말이었습니다. 놀랐습니다. 자기들이 동물의 생명을 받아 살고 있다는 것을, 고기를 만든다는 경험 속에서 누가 가르쳐준 것도 아닌데 자연히 깨달아준 것이 기특했습니다.

　『숨겨진 풍경』의 연재를 시작하기 전에는 열일곱 살이라는 말이 시대언어가 되어 있었습니다. '사람을 죽이는 경험을 해보고 싶었다'며 살인을 저지른 소년을 비롯해, 소년에 의한 흉악범죄가 빈발하여 세상을 경악케 하고 있었습니다. 그리고 '왜 사람을 죽이면 안 되는가?'라는 무서운 질문이 소년들로부터 터져 나오고, 어른들이 거기에 제대로 대답해주지 못하는 상황이 발생하고 있었습니다.

아이들에게 '살아 있다'는 생생한 실감이 없다는 사실이 그들 배경에 있는 것은 아닐까? 그렇다면 왜 '생(生)'의 실감이 없는 것일까? 그것은 '죽음'이 은폐되고 있기 때문이 아닐까? '생'을 지탱해주고 있는 방대한 '죽음'이 마치 존재하지 않는 것처럼 보이지 않는 곳으로 밀려나고 있기 때문에, 오히려 '생'을 실감할 수 없게 된 것은 아닐까 하는 생각이 들었습니다. 그렇다면 그 숨겨진 '죽음'의 현장을 취재해서 사람들 눈앞에 제시해주지 않고는, 앞으로의 사회전망이 밝아질 리 없으리라는 두려움에 등 떠밀리듯 이 연재를 기획하고 취재를 시작한 것입니다.

현장만이 짊어진 '죄악감'

아주 힘든 취재였습니다. 무엇보다 취재에 응해주질 않아요. 취지를 적은 취재의뢰서를 보내고 여러 차례 담판을 시도했지만, 끝까지 허락해주지 않은 곳도 있었습니다. 취재를 허가받고 찾아가도 현장에서 일하는 사람들은 좀처럼 속이야기를 안 해주더군요.

어찌 보면 그건 너무나 당연한 일입니다. 지금까지 계속 지독한 편견에 시달려왔을 테니까요. 어디서 뚝 떨어진 말뼈다귀 같은 인간이 갑자기 나타나서 제일 예민한 '죽음'이라는 문제에 초점을 맞춰 기사를 쓰겠다고 하니, 오죽했겠습니까? 그걸로 세상의 편견을 더 심하게 조장해버릴지도 모른다는 두려움이 당연히 들었을 겁니다.

그래서 저는 무턱대고 이런저런 저의 생각을 두서없이 떠들어대야 했습니다. 그런 저의 노력이 가상했던지, 그들도 마침내 띄엄띄엄 그때까지 가슴속에 묻어두었던 속내를 털어놓기 시작했습니다.

충격이었던 것은, 어느 동물관리센터에서 개고양이의 살처분 업무를 담당하고 계시는 분들이 '우리는 필요악이다'고 말씀하신 것입니다. 자신들이 하고 있는 일을 '악'이라고 말합니다. 긍정하지 못하고 있는 겁니다. 자신들의 존재를. 이렇게 슬픈 일도 없겠다는 생각에 가슴이 막혀오더군요.

그래서 저는 "그렇지 않아요, 여러분이 하고 계신 일은 세상에서 아주 중요한 일입니다. 그건 의심할 여지없는 선입니다!"라고 강력하게 주장했고, 신문에도 그렇게 썼습니다. 제가 신문에 그렇게 쓰겠다고 선언하자, 그들은 '동물애호가들이 가만있지 않을 것'이라고 했고 저 또한 각오하고 있었는데, 막상 뚜껑을 열고 보니 그런 비판은 없었습니다. '당신은 마음이 차가운 사람입니다.'라는 익명의 편지가 한 통, 그리고 개와 고양이의 만화풍의 그림을 그린 이상한 편지가 한통 왔을 뿐입니다.

도축장에서 일하며 상무까지 된 후지모토라는 분의 이야기도 연재에서 다루고 있는데, 연재가 끝나고 후지모토 씨 집에 인사차 들렀을 때 마침 놀러 왔다는 그의 오랜 벗이라는 사람이 "시코쿠의 88개소(시코쿠에 있는 일본 진언종의 창시자인 홍법대사와 연고가 있는 88곳의 영지를 말한다 - 옮긴이)순례를 후지모토 씨와 함께 갔을 때, 후지모토 씨가 '나는 신성한 가축의 목숨을 많이 죽였는데, 부디 후생을 보살펴주십시오' 라고 기도하는 걸 들었습니다"라는 이야기를 해주더군요. 그게 사실이냐고 후지모토 씨에게 물었더니, "그러려고 순례를 다니는 거지." 하셨습니다.

후지모토 씨는 자신이 피차별 부락 출신이라는 사실까지 포함해, 모두 실명으로 정직하게 써달라고 말씀하신 그런 분입니다. 아주 호쾌하고 쾌활한 사람이었습니다. 그런 사람이 그렇게 신불 앞에 기도를 올리지 않을 수 없다는 이야기도, 역시 충격이었습니다.

광견병예방기술원 한 분은 "이 일에 자부심을 가지고 있다"고 떳떳하게 말씀하셨지만, 취재가 계속되는 동안 "우리 부모님 세대는 이런 일에 대한 편견이 너무 강해서, 사실은 30년간 가족에게 제가 하는 일을 속여왔다"고 놀라운 사실을 말씀해주셨습니다.

왜 그분들이 그런 고통을 겪지 않으면 안 되는 걸까요? 왜 자신들의 일을 부끄러워해야 하는 걸까요? 그 이유를 생각해봤습니다. 그것은 세상이 동물의 목숨을 죽이는 것에 대해 심한 혐오감을 가지고 있기 때문이란 결론을 얻었습니다. 그리고 그 혐오감을 드러낼 때 하는 뻔한 말이 '불쌍하다' 입니다.

그럼 '불쌍하다'고 말하는 사람들은 고기를 먹지 않느냐? 하면, 그건 절대 아닙니다. 미식가니 뭐니 하면서 오히려 더 잘 먹고 다닙니다. 키우던 애완동물을 아무래도 키울 수 없게 되었을 때, 그들은 그것을 아무렇지 않게 들이나 거리에 버리곤 합니다.

식육을 둘러싼 부정부패사건이 신문을 떠들썩하게 했습니다만, 저는 그것은 모두 사회가 '고기를 만든다'는 행위를 눈에 보이지 않게 하기 위해 은폐해온 필연의 귀결이란 생각을 지울 수가 없습니다. 우리는 거의 매일 고기를 먹으면서, 그 고기가 어떻게 생산되는지에 대해서는 의도적으로 눈을 감아버리고, 그러한 사실은 애당초 '존재하지 않는 것'이고 '고기'는 처음부터 '고기'의 형태로 거기 있었던 것처럼 소비만 지속해왔습니다. 그리고 동물을 죽여 '고기를 만드는 행위'를 '잔혹'한 '죄악'이라며, 그 행위를 담당하고 있는 사람들을 줄곧 차별과 편견의 시선으로 바라보았습니다. 그 결과, '고기'를 다루는 세계가 불가촉천민이 되어버렸고, 결국 고기의 세계는 일반인들 눈이 미치지 않는 곳에서 부정과 부패의 온상이 되어버렸습니다. 그것이 광우병 같은 소동을 계기로 지금 분출하고 있다고 생각합니다.

식육문제에서 소비자의 신뢰를 회복하기 위해 생산에서 소비까지의 내역을 확인할 수 있는 구조를 도입해야 한다는 목소리가 높습니다. 그것 역시 중요하겠지요. 하지만 더 중요한 것은 이것을 기화로 하여 '고기를 만드는 행위'를 소비자 가까이로 끌어오는 것이라고 생각합니다. 농가가 동물을 기르고, 그것을 도축장에서 도축하고 해체하여 고기로 만든 것을 매장 진열대로 유통시키는 모든 과정이, 우리가 살기 위해 필요한 아주 의미 있는 일이라고 사람들이 인정하지 못하는 한 문제의 근본적인 해결책은 찾을 수 없습니다. 그리고 머잖아 또 같은 문제가 발생하겠지요.

'고통'이 없는 동물애호

그럼 동물의 목숨을 죽이는 행위가 마치 '악'이라도 되는 것처럼 생각하는 것은 왜일까요? 그 가장 큰 원인 중 하나로 '동물애호단체' 사람들의 주장이 날개를 달고 세상으로 퍼져 나가고 있다는 사실을 들 수 있습니다. 왜냐하면 그것은 친절한 것, 사랑스러운 것, 기분 좋은 것을 추구하는 지금의 가치관과 일치합니다. 그러므로 그런 목소리가 마치 진실인 것처럼 세상에 떠다니고 있는 겁니다. 그들은 곧잘 동물에게도 '살 권리'가 있다고 주장합니다. 이 동물의 '살 권리'라는 사고방식의 근원을 따라가면, 오스트레일리아의 철학자인 피터 싱어가 1960년대에 제창한 '동물해방론'이나, 그것을 수정한 톰 레건의 '동물권리론'에 이르게 됩니다. 싱어와 레건은 동물을 '자기의식의 유무' '고통을 느끼는가의 여부'에 따라

구분했습니다. 그리고 자기의식이 있고 고통을 느끼는 동물은 그 개체를 권리의 주체로서 존중해야 한다고 주장합니다.

그러므로 싱어는 소와 돼지 같은 가축도 문제 삼아 채식주의를 주장하고 있습니다. 이런 주장은 아주 마음씨 착한 정론처럼 들립니다. 하지만 그렇지 않다는 것은 환경윤리학파라는 일파에 의해 심한 반발과 비판을 받게 된 것에서도 알 수 있습니다.

즉 가축과 개고양이의 개별권리를 옹호하자면 피임이나 거세는 말할 것도 없고, 좁디좁은 공간에 가둬두고 쇠사슬로 묶어 사육하는 것 자체가 그들이 말하는 동물의 권리침해가 된다는 이유로 부정되기 때문입니다. 그리고 실제로 동물해방론자는 권리침해라 하여 그들 동물을 쇠사슬이나 우리로부터 풀어줘야 한다고 주장합니다.

한센병 환자들의 강제격리나 중절수술 등이 인권침해라 하여 문제가 되었는데, 동물의 권리를 인정한다면 동물의 그것도 문제가 되는 것은 당연하기 때문입니다. 그럼 동물해방론자가 말하는 대로 하면 어떻게 될까요? 상상만으로도 오싹해질 일입니다. 그 동물들이 대번식하여 희소한 야생동물을 차례차례 멸종으로 몰아갈 것은 불을 보듯 뻔합니다. 말하나 마나 지구환경에 결코 좋지 못한 결과를 초래할 것입니다. 환경보론자들이 맹렬히 반발한 것도 당연합니다.

언뜻 보기에 한없이 너그러운 사상처럼 보이지만, 그것이

초래하는 것은 그 사상과는 정반대되는 두려운 결과입니다. 그래서 지금은 그런 주장이 제대로 다뤄지지 않게 되었습니다. 동물의 개체를 권리의 주체로 인식하는 것이 불가능하다는 것은 사상세계에서는 자명한 일이 되었습니다. 그 동물 권리론의 좋은 점이랄까 설득력 있는 부분을 도용한 형태로, '동물애호단체' 사람들은 기묘한 이론을 만들어낸 거죠.

어떤 점이 기묘한가 하면, 첫째 그들은 자기들이 먹는 소돼지나 닭, 어패류의 생명을 빼앗는 것은 부정하지 않습니다. 그것을 부정하면 미식가도 외식도 포기해야 하기 때문이죠. 다음으로 개고양이에 대해서도 그것을 쇠줄에 묶거나 방안에 가두는 것, 강제로 피임수술을 시키는 것 등으로 아마도 개고양이의 삶에 있어 최대의 기쁨이자 목적일 수 있는 종족 번식이라는 권리를 침해하는 것에 대해서는 완전히 불문에 붙이고 있습니다. 아니 불문에 붙이기는커녕 '위험한 야산에서 사는 것보다는 안전한 집안에서 사는 것이 더 행복하다'느니 '처분되는 불쌍한 개고양이를 만들지 않기 위해서'라는 논리를 내세우며 오히려 그것들을 적극적으로 권장하고 있습니다. 한센병 환자들이 '사회의 무서운 차별에 괴로워하며 사는 것보다 동병상련의 사람들끼리 모여 사는 수용소에서 지내는 편이 행복'이라 하여, 단종과 중절수술이 '사회에서 차별받는 불쌍한 인생을 더 이상 만들지 않기 위해'라는 논리로 행해졌던 것과 같은 논리입니다.

개고양이를 권리의 주체로 인정한다면 소돼지나 말에게도 인정해주어야 하고, 가두거나 피임수술을 하는 것도 권리침해로 받아들여야 하는데, 그들은 절대 그렇게 말하지 않습니다. 살 권리, 그것도 개나 고양이의 '묶여서 살 권리'만이 주장되고 있습니다.

즉, 그들의 논리는 진지하게 검토할 가치조차 없는 논리에 불과합니다. 그런데도 그들의 주장이 사회에 영향력 있게 받아들여지고 있는 것은 왜일까요?

인간은 생명을 빼앗기는 동물을 보면 불쌍하다고 생각하는데, 그들의 주장이 그러한 감정을 교묘하게 자극하기 때문입니다.

쇠줄에 묶거나 피임수술을 시키는 것도 '불쌍하다'고 생각은 하지만, 생명을 빼앗는 것보다는 그 정도가 미비하다고 사람들은 느낍니다. 즉 그들은 개고양이를 위한 것이라고 말하지만, 사실은 자신이 고통을 느끼는 정도를 극소화하기 위해 개고양이의 살 권리를 주장하고 있는 것입니다.

죽임을 당하는 동물을 보고 '불쌍하다'고 느끼는 것은 인간뿐입니다. 사자도 호랑이도 개도 고양이도 그런 생각은 하지 않습니다. 그럼 왜 인간만이 불쌍하다고 생각하는 걸까요? 그것은 생명을 빼앗기는 동물에게 자신의 모습을 투영하여 생각하기 때문입니다. 만일 자신이 그 동물이라면 어떨까

숨겨진 풍경

하는 생각을 하기 때문에 마음이 아픈 것입니다. 아무 죄도 없는데 목숨을 빼앗기다니 얼마나 슬프고 서럽고 아프고 한 스러울까 생각합니다. 즉 자신이 생명을 빼앗기는 경험을 하고 있는 것과 마찬가지인 셈입니다.

하지만 옛날에는 살기 위해 자신이 직접 다른 동물의 목숨을 거두지 않으면 안 되었습니다. 인간이 수렵생활을 하던 때를 생각하면 충분히 이해할 수 있을 겁니다. 맹수도 우글우글했을 것이고. 하지만 다른 동물의 목숨을 빼앗는 행위는 역시 마음의 '고통'을 동반하는 것이었습니다. 바꿔 말하면 그 고통을 느끼게 됨으로써 비로소 사람은 사람이 되었다고 할 수 있지 않을까요? 하지만 고통을 느끼더라도 그것을 하지 않으면 살 수 없다, 그래서 어떻게 했는가? 마음의 고통을 가볍게 하기 위해 온갖 신화를 만들어냅니다. 신이 곰의 모습을 하고 자신의 고기를 우리에게 주기 위해 나타나셨기 때문에, 먹고 나면 신에게 감사를 올리고 산으로 돌려보내야 한다는 아이누(일본의 북방과 사할린에 살고 있는 유럽인종의 한 갈래에 몽고인종의 피가 섞인 종족으로, 아이누는 사람이라는 뜻 - 옮긴이)의 곰 신화나, 구약성서의 신이 인간에게 지상의 동물을 지배할 권리를 주었다는 기술 등이 그렇습니다.

속과 겉

하지만 아무리 그렇더라도 역시 동물의 목숨을 빼앗는 것은 '마음의 고통'이 따르게 마련입니다. 인간이니 당연하죠. 그러므로 사회가 발전하고 분업화가 진행됨에 따라 생활의 현장에서 그 고통을 동반하는 행위를 점점 배제시키고, 사람들 눈에 띄지 않는 곳으로 몰아넣고 은폐해왔습니다. 그리고 분업화의 진전으로 인해 사회의 생산력이나 효율은 비약적으로 높아졌기 때문에, 먹는 것 때문에 어려움을 겪거나 신변에 위험을 느끼거나 하지 않아도 되게 되었습니다. 이때 먹는 것 때문에 어려움을 겪지 않는다는 상황과 다른 동물의 목숨을 빼앗는 행위에 자신이 직면하지 않아도 된다는 상황이 결합하여, 마음에 '고통'을 느끼는 일, 즉 동물의 목숨을 빼앗는 일은 '악'이고 '부정한 일'이라는 단순하기 그지없는 가치관이 생성되고 유포되게 된 것입니다.

자신이 고통을 느끼고 싶지 않다는 이유로 그 고통을 동반한 행위를 다른 사람에게 떠맡기고, 그로 인해 실현된 포식과 쾌직힘을 탐닉하면서 그 음식과 안전을 제공하기 위해 '고통'을 견디며 동물의 목숨을 죽이고 해체하는 사람들을 백안시합니다. 그런 사회의 천박함에 저는 화가 나 견딜 수가 없었고, 그런 말도 안 되는 주장에 힘을 실어주는 시대의 천박함에도 화가 납니다.

동물고고학이라는 학문의 연구 결과, 일본인은 야요이 시대부터 아주 최근까지 일관적으로 개고기를 먹어왔다는 것이 분명한 사실로 확인되었습니다. 에도시대 초기의 병법가인 다이도지 유잔은 "에도의 마을에서 개라고 생긴 것을 좀처럼 찾아볼 수 없는 것은, 무가(武家)와 민가의 백성들이 모두 개고기만큼 맛있는 것이 없다며 겨울이 되면 보이는 족족 잡아먹었기 때문이다"라는 글을 남겼습니다. 일본인은 오히려 논밭을 경작하기 위해 침식을 함께 하며 가족처럼 살아온 소나 말을 먹는 것을 더 꺼려했습니다. 농업생산력을 높이기 위해 농민에게 소와 말을 귀하게 여기도록 권력이 그렇게 조장했다는 측면도 강한 것 같습니다만.

그래도 남몰래 소와 말을 먹기도 했습니다. 다만 거의 방목하다시피 하여 소유관계가 분명치 않은 반야생의 상태에서 살았던 개가 훨씬 저항감 없이 잡아먹혔던 것 같습니다. 그런 전통을 일본은 가지고 있다는 사실. 유럽은 목축사회에서 일찍부터 목양견으로 개를 이용해왔기 때문에 개를 소중하게 여기는 문화가 발달했겠지만, 일본은 수전도작 문화이기 때문에 소나 말을 더 가족의 일원처럼 생각하고 아껴왔습니다. 개를 더 귀여워하게 된 것은 농경에 소나 말을 사용하지 않게 된 수십 년 전부터의 일에 불과합니다.

오리농법을 아시아 각지에 알리고 있는 후루노 타카오라는 사람이 후쿠오카 현의 가츠라가와라는 마을에 살고 있는데, 아시아의 어느 지방에서는 들개에게서 오리를 보호하기 위해 일본처럼 전기울타리를 사용하지 않는답니다. 그래서

후로노 씨가 "개한테 기습당하진 않습니까?"라고 걱정을 하자, 상대방은 당연하다는 얼굴로 이렇게 대답했답니다. "괜찮아요. 개가 오리를 먹으면, 그 개를 우리가 잡아서 먹으니까 걱정 없습니다."

그 감각, 그 대범함이 저는 너무 부러웠습니다.

인간은 상상력을 가진 동물입니다. 그래서 곧잘 상대방의 입장에 자신의 모습을 투영해 생각하곤 합니다. 만일 자기가 목숨을 빼앗기는 쪽인 그 동물이라면? 얼마나 아프고 슬프고 안타까울까 라고 마음이 따끔따끔 아픕니다. 제가 오리를 도축했을 때도, 두 손으로 가슴을 억누르자 그 오리는 '어, 왜요?' 라고 묻는 듯 눈을 동그랗게 뜨고 저를 뚫어져라 쳐다봤습니다. 손바닥을 통해 심장의 고동소리가 전해져옵니다. 어제까지 매일 먹이를 주고 반년 넘게 길러온 녀석들인 만큼, 저도 역시 괴롭습니다. 마음이 따끔따끔 아파요. 가능하면 그런 일들과는 무관한 사람이기를 많은 사람들이 바랄 겁니다. 그러니까 '불쌍하다'는 말로, 자신은 그런 잔혹한 일과는 관계가 없는 마음씨 착한 사람이라고 자신을 납득하고 안심하는 걸 겁니다. 그런 일은 가능한 한 보이지 않는 곳으로 몰아넣고 뚜껑을 덮어버리자고. 그 배제와 은폐가 거의 완료된 것이 지금의 사회입니다.

그리고 도축에 대해 말하자면, 고기를 만드는 사람과 먹는 사람이 완전히 분리되어 있고 애완동물을 기르는 사람과 들개나 들고양이가 없는 안전하고 쾌적한 사회를 유지하기 위해 불필요해진 개고양이를 처분하는 사람들도 완전히 분리되고 말았습니다. 일본에서는 불교의 살생금기와 신도의 부정(不淨)개념이 한 통속이 되어 동물의 목숨을 죽이는 일은 피차별부락민에게 떠맡겨왔다는 역사가 있지만, 그래도 아주 최근까지 닭의 도축은 일반 가정에서도 일상적으로 이루어졌었고 살생금기가 가장 강했던 것으로 보이는 에도시대에도 조금 전에 소개한 것처럼 들개를 발견한 족족 잡아먹었다는 기록이 남아있을 정도니, 역시 완전히 분리된 것은 아니었습니다. 그런데 지금은 완전히 분리되어, 그들 작업은 전혀 보이지 않는 곳에서 은밀히 이루어지고 있습니다.

그 결과 어떻게 되었느냐 하면, 고기를 먹는 사람은 아무 고통도 느끼지 않고 얼마든지 고기를 먹을 수 있게 되었고, 들개나 들고양이가 없는 안전하고 쾌적한 생활을 향수하면서 애완동물을 맘 내키면 키웠다가 필요 없어지면 아무렇지 않게 쓰레기 버리듯 내다버릴 수 있게 되었습니다.

고기뿐만 아니라 안전하고 쾌적한 생활은 동물들의 목숨으로 인해 얻어진 것들이므로, 이것은 곧 어떤 고통도 미안함도 느끼지 않고 마음 내키는 대로 목숨을 낭비할 수 있는 세상이 되어버렸다는 것을 의미합니다. 그렇게 해서 맘껏 소비하고 맘껏 버리게 함으로써 수요를 창출하고 경제를 발전시켜온 것이 문명이 걸어온 길이니까요.

그런데 한편에서는 사람들 눈에 띄지 않도록 격리된 장소에서 도축과 개고양이의 처분에 종사하는 사람들이, 원래는 세상이 맛보아야 마땅할 '고통'을 대신 감내하고 있습니다. 우리를 대신해서 그 '고통'을 느끼고 있는 사람들에게 세상은 고객 숙여 감사해야 마땅합니다. 그런데 실제로는 정반대입니다. 동물의 생명을 죽임으로 인해 만들어진 고기라는 상품을 아무 저항도 없이 먹고 아무렇지 않게 애완동물을 버리면서, 동물의 생명을 죽이는 행위에 대해서는 '불쌍하다'는 한 마디를 툭 내뱉으며 그 업무를 담당하고 있는 사람들을 업신여기고 차별하는 것이 현실입니다. 제가 취재한 닭처리장에서 도축작업을 맡고 있었던 사람은 페루에서 온 일본계 3세였습니다.

거기에서 아이들은 속과 겉이 다르게 사는 법을 배웁니다. 즉 우리 아이들에게 차별을 가르치고 있다는 말입니다. 그 결과, 소년에 의한 부랑자습격사건 같은 일들이 심심찮게 발생하게 되었습니다.

'고통'을 느끼지도 않고 동물의 생명을 내키는 대로 낭비할 수 있는 사회에 흠뻑 젖어 자란 결과, 타인의 '고통'을 자신의 '고통'처럼 공감할 수 없는 아이들이 속속 자라고 있다고 할 수 있습니다. 아주 역설적이긴 하지만 저는 진실이라고 생각합니다. '생명'을 지탱해주는 준엄한 '죽음'은 보이지 않는 곳으로 은폐되고 '너그러운 마음'만 부각되어온 결과,

사실은 터무니없이 '너그럽지 못하고 가혹한 세상'이 만들어졌다는 느낌을 지울 수가 없습니다.

한편 도축과 애완동물 처분 업무에 종사하고 있는 사람들은 매일 자신을 상대방 입장에 투영하여 '고통'을 제 것처럼 느끼고 있는 사람들이므로, '불쌍하다'는 말과 함께 세상으로부터 무시당하는 듯한 시선을 받으면 더더욱 위축되고 비참하다는 생각을 하게 될 것입니다.

이것은 아무리 생각해도 이상합니다. 그들은 자신들을 '필요악'이라고 했지만, 진짜 '악'은 자신들의 삶이 이런 '죽음'의 현장에서 일하고 있는 사람들의 땀으로 유지되고 있다는 사실을 모른 채, 혹은 알면서도 그 사실은 묵과한 채 그런 행위를 '악'으로 치부하여 무시하고 차별하는 세상이라고 생각합니다.

그런 생각 끝에 제가 내린 결론은 자신이나 다른 뭔가를 살리기 위해 동물의 생명을 빼앗는 것은 결코 '살생'이 아니다. 그것은 자기나 다른 뭔가를 '살리는' 것이지, 생명을 빼앗기만 하고 아무것도 생산하지 않는 단순한 살육이나 학대와는 전혀 차원이 다르다는 것입니다. 그 전혀 차원이 다른 것을 혼동하고 있기 때문에 차별과 편견이 생기고, 혼동에 근거한 '죽음'의 은폐가 음식물을 낭비하고 생명을 무시하는 지금의 풍조와 자연파괴적 문화의 배경이 되고 있다는 것입니다.

'잡는 것'은 '축복'할 일

동물권리론이나 동물해방론이 사상의 세계에서는 지금은 거의 문제시되지 않는다는 것은 아까 말씀드렸습니다. 그럼 어떻게 생각해야 할 것인가? 폴 테일러라는 사람이 제창한 생명중심주의라는 사고방식이 하나의 대답이 될지 모르겠습니다. 환경윤리학자인 키토 슈이치에 따르면, 테일러는 인간은 다른 생물과 같은 의미와 조건 하에서 지구생명사회의 일원을 이루고 있으며, 거기에서의 각각의 구성원(즉 사람도 동물도)은 그 자체로 생명의 목적론적인 중심을 이루고(즉 자기야말로 살아남아 자손을 남겨야 한다고 믿는 것), 인간이 본질적으로 우위라고는 생각하지 않는다. 그런 양해 하에 각자의 생명에 대한 존경의 자세를 취하는 것이 유일하고 적당한 도덕적 자세라고 말한답니다.

그 사고방식으로 보면, 사람이 살기 위해 동물의 생명을 죽이는 것은 자신이 살아남아 자손을 남기려는 행위이므로 시인되어야 마땅합니다. 하지만 그 생명을 빼앗은 동물의 입장에서 보면, 그 동물도 자기야말로 살아남아 자손을 남겨야 한다고 믿고 있다는 겁니다. 그것을 알고 있으면서 동물의 생명을 죽이는 것이니만큼 '고통'을 느끼는 것은 지극히 당연한 일입니다. 그리고 생명을 빼앗은 그 동물의 몸을 최대한 유익하게 활용하는 것이야말로 그 생명에 대한 존경의 자세라고 생각합니다.

동물애호운동을 하고 있는 분들도 아마 굶주림에 시달리면, 개가 됐든 소가 됐든 닭이 됐든 자기 손으로 그 생명을 잡아먹으려고 할 것입니다. 우리 인간은 그런 존재이고, 물론 그렇기 때문에 자손을 남겨 대대손손 살아올 수 있었지만 말입니다.

즉 인간이 살아가기 위해 죽인 다른 생물의 목숨은, 사람의 몸속에서 계속 살아남아 자손 대대로 계승되어왔다는 말입니다.

그러므로 여러 차례 말했지만, 사람이 살기 위해 다른 생물의 목숨을 취하는 것은 '죽이는 것'이 결코 아닙니다. 자기 안에서 '살게 하는 것'입니다. 생명을 빼앗기만 하고 아무것도 생산하지 못하는 사람이나 동물의 살육과는 전혀 성질이 다릅니다.

옛날에는 마을의 한 집에서 돼지 같은 가축을 잡을 때면 어김없이 그 마을에 잔치가 벌어지곤 했습니다. 잔치를 위해 가축을 잡기도 했지만, 가축을 잡는 일 자체가 잔치가 되는 경우도 많았습니다. 그것은 곧 가축을 잡는 것이 '축복하고 기뻐할 일'이었음을 보여주는 단적인 예라 할 수 있습니다. 인간의 역사는 5백만 년이라고들 하는데, 농경이 시작된 것은 1만 수천 년 전입니다. 그렇다면 나머지 4백99만 년은 수렵채집생활을 했다는 말이 됩니다. 그 시대에 동물이 잡힌다는 것은 곧 자신들이 살아남을 수 있음을 의미했습니다. 그것이 축복할 일이 아니고 무엇이겠습니까? 그리고 사실 우리 인간이 살기 위해 동물을 이용한다는 구도는 지금도 전혀 달라지지 않았습니다. 사람이 살기 위해 동물의 생명을 '잡는 것'은 의심할 여지없이 지금도 '축복'할 일입니다.

불필요해진 개고양이를 처분하는 동물관리사업과 동물애호의 계몽사업을 어떻게 균형 잡아갈 것인가, 현장에 근무하는 사람들은 고민하고 계셨습니다. 하지만 동물을 관리하는 일 덕분에 사회의 환경이 유지되고, 동물을 애호하자는 분위기도 상승되고 있습니다. 들개나 들고양이가 횡행하는 환경 속에서 동물을 애호하자고 아무리 소리쳐도 그 누구도 동참해주지 않을 것입니다. 그러므로 동물을 애호할 수 있는 환경을 만들기 위해, 동물관리사업이 행해지고 있다고 할 수 있습니다. 즉 불필요해진 개고양이를 처분함으로써, 가정에서 키우고 있는 애완동물들의 생명을 간접적으로 보살피고 있는 셈입니다. 그러므로 자부심을 가지고 이렇게 말해도 좋습니다. "우리는 동물을 애호하기 위해 관리사업을 하고 있습니다!"라고.

대충 이런 이야기들을 연재에 장황하게 써놓고 있습니다.

사회가 추구하는 사실

그런데 독자의 반응은 어떠했냐하면 아주아주 의외였습니

다. 연재를 시작하기 전에는 테마가 너무 무거워서 별로 읽히지 않을 것으로 저 자신도 생각하고 있었고, 그야말로 동물애호단체 등에서 항의가 빗발칠 거라고 생각했었습니다. 그런데 막상 뚜껑을 열고 보니 의외로 평판이 좋은 거 있죠? 조금 전에도 잠깐 언급했지만, 정정당당한 비판은 한 건도 없었고, 반대로 찬성과 공감의 목소리가 높았습니다.

카고시마의 고등학교 선생님은 국어교재로 사용하고 있다는 편지도 주셨고, 후쿠오카의 중학교에서 도서관 사서로 일하고 계시는 분은 도서관에 오는 중학생들에게 적극 추천해 주신다고 합니다. 오이타의 초등학교에서는 축산에 대한 공부를 할 때 교재로 읽어주고 있다고 메일을 주셨습니다. 연재가 끝난 후, 한 여성단체에 초대받아 강의를 한 적도 있습니다.

즉, 이렇게 사실을 제대로 전달하고 정직한 주장을 펼쳐주기를 모두들 기다리고 있었던 겁니다. 차별문제나 왕따문제가 만연해 있기 때문에 모두들 그것에 대해 쉬쉬하고 있었을 뿐인 거죠. 하지만 지금까지 맹목적으로 진행되어온 문명과 소비사회의 시스템이 안고 있는 모순이 환경문제나 소년문제 같은 형태로 그 참모습을 드러내기 시작한 지금, 그것을 사회는 절실히 원하고 있었다는 사실을 실감할 수 있었습니다.

도축장이나 보건소, 동물관리센터에서 일하고 있는 수의

사 여러분 중에도, 애완동물을 처분하거나 고기를 만들기 위해 가축을 잡는 것에 꺼림칙한 기분을 느끼는 분도 계실지 모릅니다.

어쨌든 세상의 가치관이 그러한 만큼, 그것을 완전히 무시할 수는 없을 테니까요. 하지만 그 감각은 잘못된 것입니다. 기억하실지 모르지만, 뭔가를 살리기 위해서 동물의 목숨을 죽이는 것은 '살육'이 아니라 '살리는 것'이라는 사실. 고기로 생산된 동물을 먹음으로써 희생된 동물의 생명은 순환되어 내 안에서 계속 사는 것이고, 불필요해진 애완동물의 처분에 대해서도 그로 인해 안전하고 쾌적한 환경이 만들어지고 인간과 다른 애완동물들이 살아갈 수 있으니까요.

현대라는 시대는 '죽음'이 은폐되고 생명을 좀처럼 보기 힘든 시대입니다. 그것은 살아있다는 실감이 결핍되어 있다는 말이기도 합니다. 그래서 더욱 이 사회는 사실을 제대로 전달하고 정직한 주장을 펼쳐주기를 기다리고 있습니다.

은폐된 '죽음'의 현장에서, 생명을 주고받는 최전선에서 일하고 계시는 공중위생에 애쓰는 수의사 여러분은 정정당당히 주장하셔도 좋습니다. 광견병예방기술원 여러분과 실제로 도축과 해체에 종사하고 있는 현직 여러분은 차별과 편견에 시달리며, 자신들의 주장을 제대로 펼치기 어려운 상황에 놓여있습니다. 그러니 그들 현장에서 지도적 입장에 계시는 수의사 여러분이 좀더 분발해주시길 바랍니다.

숨겨진 풍경

우리의 생명과 안전하고 쾌적한 환경이 어떻게 해서 보호받고 있는지, 구체적으로 사람들에게 전달해주십시오. 그리고 생명은 연면히 이어지고 있다는 사실. 먹음으로써, 희생된 동물의 생명은 먹은 사람 안에서 연면히 살아가게 된다는 사실. 따라서 뭔가를 살리기 위해 동물의 생명을 빼앗는 것은 '죽이는 것=살육'이 아니라 '살리는 것'이라는 사실. 그것은 기피할 것이 아니라 축복받아야 할 일이라는 사실. 그리고 무의미한 살육과 학대와는 전혀 다른 것이라는 사실을.

이 연재를 실을 때, 사내에서도 걱정하는 목소리가 많았습니다. 하지만 전혀 문제없었습니다. 그러니 여러분도 분명 괜찮을 겁니다. 안 그래도 힘든 일로 고생하시는데 어려운 부탁을 드린 것 같아 죄송합니다만, 이것은 지금 우리사회에서 아주 중대한 일이니만큼 감히 말씀드립니다. 부디 애써주시기 바랍니다. 잘 해주실 거라 믿습니다. 감사합니다.

옮긴이의 말

몇 살 때였는지는 기억나지 않는다. 또 개의 이름도 정확히 기억나지 않는다. 시골에 사는 개들이 다 그랬듯, '검둥이' 아니면 누렁이였을 것이다. 그래도 사진처럼 또렷이 남은 기억이 있다.

나와 여동생은, 군데군데 검게 그을리고 피 묻은 코와 입에서 콧물과 침을 흘리며 애원하는 듯, 아니 원망하는 듯한 눈길로 우리를 보는 누렁이에게 간절하게 소리치고 있었다.

"도망가! 산으로 도망가! 그리고 오지마라! 누렁아, 가!"

그랬다. 누렁이는 몽둥이를 맞아 기절했다가, 활활 타는 불에 거꾸로 매달린 순간 정신을 차려 도망쳐 나오던 길에 우리와 맞닥뜨렸던 것이다.

그런데 무슨 미련에서였을까? 바보스럽다고 생각했다.

제 이름을 부르는 아버지에게로 순순히 돌아와 결국 불에 타 죽어버린, 그리고 아버지를 비롯한 마을 어른들의 먹잇감이 되어버린 누렁이가.

그런데 30년 가까이 흘러버린 지금에 와서, 저자의 『숨겨진 풍경』을 옮기면서 나는 깨닫는다. 그것이 누렁이의 주인에 대한 '순종'이고 또 다른 생명을 위한 '희생'이었다는 것을.

그래서 이제나마 그렇게 죽어간 누렁이를 비롯해, 우리 집에서 살다 우리를 위해 죽어간 수많은 가축들에게 고마운 마음을 전할 수 있게 도와준 후쿠오카 켄세이 님과 『숨겨진 풍경』에 감사한다.

또 하나의 기억이 있다.

그리 오래된 것은 아니지만, 이 책을 만나기 전까지는 아득히 멀어져있던 마음이기에, 참으로 먼 기억처럼 느껴지는 기억이다.

10년쯤 전의 일인데, 내 고향마을에서 연이어 두 아주머니가 자살로 돌아가셨다. 두 분 모두 홀로 살고 계셨고 지병이 있으셨다. 그 뒤로 그분들의 집은 얼마동안 주인 없는 빈집으로 남겨져있다, 지금은 홀로 사시는 할머니와 귀농한 중년부부의 보금자리가 되어주고 있다.

그것이 내 가까이에서 처음 경험한 '자살'이었다.

역시 홀로 사시던 내 어머니와 동네 어른들은 "아이고, 얼마나 죽겠었으믄 그랬으까? 오메 불쌍한 여편네야!"라며 진한 눈물을 찍어내셨다. 그분들에겐 남의 일이 아니었기에.

나 또한 남의 일처럼 느껴지지 않았다. 내 친구의 어머니, 내 어머니의 벗, 내 고향 같은 분들이었으니까.

그 전의 나는 '자살'에 대해, 흔히들 하는 말처럼 '그 용기로 살아라' '자살은 죄악이다!' 정도로만 생각했었다. 그랬던 것이 그분들의 죽음을 계기로 자살한 사람들의 심정을 한번

쯤은 돌아볼 줄 알게 된 내가 내심 기특하게도 여겨졌었다.

그런데 『숨겨진 풍경』을 만나면서, 그들의 자살을 방관한 우리 자신에게 책임의 화살을 돌려볼 필요가 있음을 깨닫는다.

어머니와 마을 분들이 그토록 허망해하고 원망했던 것이, 구원의 손길을 간절히 원하는 그들의 '마음의 외침'을 들어주지 못한 죄책감 때문이 아니었을까? 하는 생각을 『숨겨진 풍경』을 옮기면서 해본 것이다.

이 책은 바로 그런 자책에서 우리 사회가 조금이나마 자유로울 수 있는 방법을 제시해주고 있다 — 숨겨진 풍경, 즉 죽음을 직시하는 것.

끝으로, 얼마 전 우리 시골집에서 펼쳐졌던 한 풍경을 소개하고자 한다.

자식들이 모였다고 어머니가 토종닭을 한 마리 잡으신단다. 나는 서둘러 조카들(여섯 중 셋은 무서워서 보기 싫단다)과 딸아이를 샘가로 불러 모았다. 명색이 『숨겨진 풍경』의 옮긴이 아닌가!

그때 불혹의 나이가 된 오빠가 자신이 해보겠다고 팔을 걷어붙이고 나선다. 그 나이 되도록 처음 해보는 도축작업이라 자신도 무척이나 떨리는 모양이다.(시골에서 나고 자란 남정네가 말이다!)

파닥이는 닭의 목을 비틀어 죽인 다음, 모가지를 쳐내 피를 뽑아내고 닭발을 자르고, 깃털을 뽑고 배를 갈라 내장을 자르고 ……

결국은 그랬다. 더는 못 보겠다고 들어가 버린 아이 하나, 들어갔다 호기심에 다시 나온 아이 하나, 끝까지 보고 섰던 두 아이. 그 아이들은 그 풍경에서 무얼 느꼈을까?

처음이면서도 제법 잘 해낸 오빠는 그날 닭고기를 제일 맛있게, 그리고 제일 많이 먹었다!

이 책의 저자인 후쿠오카 켄세이 님께 진심으로 감사의 마음을 전한다. 전작 『즐거운 불편』과 더불어, 뭐랄까 서서히 굳어져가는, 혹은 이미 굳어져있는 우리의 마음을 살살 간질이듯이 되살려주는 훌륭한 글을 써주신 것에 대해.

그리고 그러한 책을 우리글로 옮길 수 있는 영광을 내게 주신 달팽이출판한테도 감사의 말씀을 드리고 싶다.

또한 간절히 바란다. 내가 옮긴 이 글들이 원작에 누가 되지 않도록, 우리 독자들의 마음을 간질일 수 있기를.

훗날 사랑하는 딸 유영과 가영에게 전해주고 싶은 책이 이렇게 또 한 권 태어난다!

2009년 12월 김경인

숨겨진 풍경
죽음을 은폐하는 사회에서 생명을 만나다

후쿠오카 켄세이 지음 김경인 옮김

초판 1쇄 찍음 2010년 1월 14일
초판 1쇄 펴냄 2010년 1월 21일

펴낸이 김영조
펴낸곳 달팽이출판
등록 2002년 2월 28일 제 22-2112호
주소 121-841 서울시 마포구 서교동 458-20 푸른감성빌딩 2층
전화 02-523-9755   팩스 02-523-9754
ecohills@hanmail.net

ISBN 978-89-90706-26-3 03330
책값은 뒤표지에 있습니다.